楚娟 著

试论破局乡村振兴
——走中国式农业农村现代化道路

九州出版社
JIUZHOUPRESS

图书在版编目（CIP）数据

试论破局乡村振兴 ： 走中国式农业农村现代化道路 /
楚娟著. -- 北京 ： 九州出版社，2023.11
ISBN 978-7-5225-2495-5

Ⅰ．①试… Ⅱ．①楚… Ⅲ．①农村－社会主义建设－
研究－中国 Ⅳ．①F320.3

中国国家版本馆CIP数据核字(2023)第212438号

试论破局乡村振兴：走中国式农业农村现代化道路

作　　者	楚　娟　著	
责任编辑	赵晓彤	
出版发行	九州出版社	
地　　址	北京市西城区阜外大街甲 35 号 (100037)	
发行电话	(010)68992190/3/5/6	
网　　址	www.jiuzhoupress.com	
印　　刷	永清县晔盛亚胶印有限公司	
开　　本	880 毫米 ×1230 毫米　32 开	
印　　张	6.75	
字　　数	161 千字	
版　　次	2024 年 2 月第 1 版	
印　　次	2024 年 2 月第 1 次印刷	
书　　号	ISBN 978-7-5225-2495-5	
定　　价	58.00 元	

目 录

第一章 以中国式现代化全面推进乡村振兴

第一节 以中国式现代化全面推进乡村振兴理论内涵和实践路径

民族要复兴，乡村必振兴。党的二十大报告提出："全面建设社会主义现代化国家，最艰巨最繁重的任务仍然在农村。"推进农业农村现代化是全面建设社会主义现代化国家的重大任务，是解决发展不平衡不充分问题的重要举措，是推动农业农村高质量发展的必然选择。

中国式现代化理论不仅是马克思主义中国化时代化新的飞跃，而且彰显了理论强党是中国共产党的明显特质之一。中国式现代化是中国共产党领导的社会主义现代化，既有各国现代化的共同特征，又是构建在对西方现代化已有问题的反思之上，是立足在发展中国家多年来探索现代化实践的经验之上，更是基于自己国情的个性之所在，是共性和个性的辩证统一。科学理解中国式现代化，可以有效防止与克服把中国式现代化简单等同于西方化，或者是把中国式现代化看作脱离国际环境依托自说自话的错误倾向。

一、以中国式现代化全面推进乡村振兴要明确基本内涵

党的二十大提出坚持农业农村优先发展，坚持城乡融合发展，擘画了全面推进乡村振兴的宏伟远景。全面推进乡村振兴，是党中央立足于全面建设社会主义现代化国家而做出的重大战略部署，明晰了今后"三农"工作的目标任务，为建设农业强国指明了行动的方向。首先，乡村振兴就是在保护农村资源和农民利益的前提下，推动乡村文化、产业、人才、生态、组织等方面的"振兴"，建设宜居宜业和美乡村，实现农业农村的现代化。其次，中国式现代化视域下的乡村振兴就是在党的坚强领导下，依靠高质量发展来填补农业农村发展的短板，以便为建设现代化国家提供重要的支撑。从农业农村的发展与国家现代化之间关系来看，只有提升农业农村的发展水平，提高农民的物质生活和精神生活，建设社会主义现代化国家才会有坚实的基础。最后，中国式现代化是立足于中国国情、符合中国实际情况的现代化，是全体人民共同富裕的现代化。农业农村现代化，是建设农业强国的根基，是缩小与其他国家农业发展差距的战略步骤，更是实现农民富裕的重要依托。

中国特色社会主义进入新时代，党的二十大吹响了通过中国式现代化全面推进中华民族伟大复兴的号角。全面实现乡村振兴，既可以缩小城乡之间的发展差距，又是顺应时代发展与提升人民生活水平的必然选择。在现实的工作中，推进乡村振兴，实现农村更富裕、生活更幸福、乡村更美丽具有重要而深远的战略意义。

二、以中国式现代化全面推进乡村振兴要厘清发展思路

一是坚持党的领导，夯实组织建设。组织工作是党的一切工作的根本之源。中国共产党始终把群众的冷暖放在心上，真诚回应群众的呼声，把维护好、实现好群众的切身利益作为党一切工作的出

发点。农村的实际工作证明，农业农村工作做得有声有色、成绩显著，往往是得益于共产党的坚强领导。"党的领导决定中国式现代化的根本性质，只有毫不动摇坚持党的领导，中国式现代化才能前景光明、繁荣兴盛。"正如习近平同志所言，办好农村的事情，实现乡村振兴，关键在党。乡村振兴，需要加强和改善党对"三农"工作的领导，切实提高党把方向、谋大局、定政策的能力，完善乡村组织工作体系，提升党组织基层治理和党建工作相融合，另外，需要选拔好干部，细化基层组织工作，设立相应的帮扶组，提升服务能力和治理能力，提升党员干部做事的决心。农业农村经济发展证明，只有中国共产党才能真正代表群众的利益，只有在中国共产党的坚强领导下，才能确保农业农村工作沿着正确的道路前进。

二是发展乡村特色产业，探寻共同富裕之基。推进乡村振兴，实现共同富裕是建设社会主义现代化国家的应然指向。全面推进乡村建设，重在强村富民，增加农民收入，提高农民的物质生活水平，以便于实现共同富裕，而这一切的核心在于发展农村的特色产业。产业建设是全面推进乡村振兴的重中之重，也是实现共同富裕的坚实基石。产业兴旺才能推进乡村振兴。特色产业的发展要从当地的实际情况出发，利用好当地的资源优势，推进生态产业建设，促进观光农业产业与旅游经济带相融合，探索与当地特色资源的结合之路，推进本地传统农业结构的转型，促使传统农业生产力向现代化生产力升级，以此来推进乡村振兴。

三是招纳多方贤才，吸引人才返乡创业。乡村振兴贵在吸收多方人才，提升农民的文化素养，既要注重农村外在的政策引导，又要注重内涵性的建设，提升农民创业的积极性和主动性，激发乡村振兴的内在动地位。首先要提升农民的主体地位。在农业农村工作中，要俯下身子，主动收集农民的心声，尊重农民的诉求，依靠农民，让他们积极参与到乡村振兴中去，依靠农民自身来解决问题，让更多的农民看到希望、增强信心。其次，吸引多方贤才，搭建人才交流互通平台。吸引本地成功人士返乡创业，参与到办厂和治理乡村环境中去，筹建生态观光体验农场，利用直播等网络销售模式，为本地农产品搭建桥梁逐步成为乡村振兴的有生力量。各地实施"一村一名大学生"工程，并给出多方面的下乡优惠政策，给优秀人才施展才华的机会，更好地促进乡村振兴。

四是促进城乡融合，推进县域经济发展。中国式现代化是人民共同富裕的现代化，中国式现代化视野下的乡村振兴贵在实现农民的富裕，提升农民的现代化素质。农民占人口比例过大是中国国情的主要特点，既凸显了农村经济发展的任务艰巨，呈现了地区经济发展不平衡现状。乡村振兴既要注重乡村特色产业的发展，也要注重城乡融合中县域经济的提升。城乡融合发展模式为农民提供了全新的选择。一方面"坚持城乡融合发展，畅通城乡要素流动"需要相应的政策支撑，破除阻挠城乡市场化发展的体制障碍，促进城乡之间要素的合理流动，提升农业农村发展的外部环境；另一方面，宜居宜业是城乡融合发展模式的主要切入点，尤其要集中在城乡之间的缓冲地带展开和布局，这是县域经济发展的重点。在农业农村发展中，需要统筹兼顾、系统谋划、整体推进，聚焦城乡融合发展，实现建设、管理与服务的一体化，在城乡融合发展中切切实实让农民感受到发展带来的益处。

总之，以中国式现代化全面推进乡村振兴，就是要为全面推进中华民族伟大复兴书写中国式乡村现代化之路。坚持党的领导，提升产业建设，推进城乡融合发展，招纳多方贤才是中国式现代化在乡村振兴方面的集中体现，在人口共同富裕、物质文明和精神文明的融合发展中必将发挥巨大的作用。

同时我们还要清楚地看到，中国式现代化是人口规模巨大的现代化，是全体人民共同富裕的现代化，是物质文明和精神文明相协调的现代化，是人与自然和谐共生的现代化，是走和平发展道路的现代化。这些基于国情的中国特色同样体现在农业农村现代化的进程中，也对推进农业农村现代化、实现乡村振兴提出了新要求，提供了新指引。推进农业现代化，提升粮食等重要农产品供给保障水平。面对巨大的人口规模及粮食需求，必须全方位夯实粮食安全根基，确保中国人的饭碗牢牢端在自己手中。

要继续坚持巩固拓展脱贫攻坚成果，推动新型城镇化和乡村振兴双轮驱动。我国已经进入扎实推动共同富裕的历史阶段，实现共同富裕，必须推进城乡融合发展。农村地区要考虑因地制宜、分类推进，同时从畅通城乡要素流动上下功夫，鼓励勤劳致富，促进机会公平。要坚持农业农村优先发展，坚持城乡融合发展，突出保障和改善农村民生，解决人民群众急难愁盼问题。"塑形""铸魂"双管齐下，推动物质文明和精神文明相协调。《"十四五"推进农业农村现代化规划》明确提出，展望2035年，乡村全面振兴取得决定性进展，农业农村现代化基本实现。这要求我们既要提高农业生产力，又要发展乡村产业，提高农村一、二、三产业融合发展水平。另一方面，推动农村精神文明建设"铸魂"，促进城乡精神文明建设融合发展。利用和保护并重，促进人与自然和谐共生。站在人与自然和谐共生的高度谋划发展，资源是动态利用的问题，环境是静态保护的问题，生态是物理界限的问题。要坚持山水林田湖草沙一体化保护和系统治理，控制农业用水总量，减施农药和化肥，推行草原森林河流湖泊湿地休养生息，健全耕地休耕轮作制度。同时，把生态治理和发展特色产业有机结合起来，加快绿色农业技术研发和推广应用，发挥农业农村碳汇作用，把绿水青山转化为农民群众增收致富的金山银山。强化农业国际合作，营造良好发展环境。我们要推进农业对外合作全方位展开，加强与"一带一路"沿线国家和地区的农业合作，积极参与全球粮农治理，在全球减贫治理中贡献中国方案和智慧。

第二节　中国式现代化视域下正确处理农业农村发展的十大关系

随着近四十多年改革开放和经济社会的快速发展，中国特色社会主义进入新时代，我国社会主要矛盾已由过去"人民日益增长的物质文化生活需要同落后的社会生产的矛盾"，转化为"人民日益增长的美好生活需要和不平衡不充分的发展之间的矛盾"。同时，随着我国经济进入新常态，农村经济发展速度放缓、结构优化和动力转变，迫切要求转变农业发展方式。新时代、新常态的到来，标志着农业农村发展的内外环境都在发生着巨大而深刻的变化，农业农村发展也已进入新的历史阶段，能否顺利推进农业供给侧结构性改革，培育农业农村发展新动能，完成传统农业向现代农业转型，为我国经济持续增长和整个人类社会发展做出更大贡献，关键取决于如何处理好农业发展所要面对的十大关系。

一、农业与二、三产业的关系

人类社会生产的发展首先始于农业，在农业发展的基础上才有了工业的产生和发展。农业和工业发展到一定阶段，才有了第三产业的发展。三大产业长时间相互影响和渗透，形成了密切联系、相互依存的关系。这种相互依存首先体现在农业是整个国民经济的基础。随着改革深入和市场经济发展，农业在国民经济中所占的份额虽然持续下降，但是农业基础地位并不会因此而改变，相反，二、三产业越发展对农业的依赖和要求越来越高。那些只按市场竞争原则、优先发展经济高效产业从而忽视农业的认识和做法是错误的、危险的。"没有农业的现代化，就不可能有整个国民经济的现代化"，"任何时候都不能忽视农业、不能忘记农民、不能淡漠农村"。其次，现代农业发展也深深依赖于二、三产业。从生产角度看，农业需要工业提供的物质设备，需要技术、市场、信息和金融等各项社会化服务；从市场角度分析，如果二、三产业增长不快，对农产品的需求不旺，农业也难以顺利发展。

改革开放以来，我国的第一、二、三产业都有很大发展，产业结构也不断优化升级，但与发达国家和现代经济发展的要求相比，仍面临农业基础脆弱，工业大而不强，第三产业发展滞后，三大产业发展还不协调等问题。目前，我国的经济结构不合理是制约经济发展的主要问题之一。正确处理农业与二、三产业的关系，就是要使三大产业形成同生产力水平相适应的合理结构。未来调整的主要方向：一是强化农业基础地位，推动农业与二、三产业协调发展。根据我国目前产业结构现状，我们的方针是，大力发展第一产业，调整和提高第二产业，积极发展第三产业。但就三大产业发展比较而言，农业的基础地位仍然脆弱，农业发展速度仍然相对滞后，农业仍是制约国民经济发展的薄弱环节，因此必须进一步巩固和强化农业的基础地位，"始终坚持强农惠农富农政策不减弱、推进农村全面小康不松劲，在认识的高度、重视的程度、投入的力度上保持好势头"。二是推进农村一二三产业融合发展。今后一段时间的重点是把高新技术、新兴业态、新商业模式等引入农业，通过精加工、深加工、再加工，延伸农产品加工产业链，使现代农业成为"接二连三"的集成产业，成为拉动我国农业农村经济发展的新增长极。

二、传统农业与现代农业的关系

我国千百年来一直延续着农耕社会的传统农业生产方式，随着时代发展和科技进步，传统农业越来越难以适应现实发展，特别是农村改革、农业市场化之后，其规模小、抗风险能力弱，自给自足、市场化程度低，不适应现代经济运作模式等弊端日益显现，传统农业的发展模式已经难以维持，迫切需要对传统农业进行改造，走现代农业发展之路。由传统农业转化为现代农业并不是对传统农业的全盘否定，而是一种"扬弃式"的转化。现代农业并不是凭空产生的，是在传统农业的基础上发展起来的。它一方面要继承和发扬传统农业的优点，另一方面要克服和改造传统农业的缺点。因此，要实现农业现代化，就必须从我国实际情况出发，正确处理传统农业与现代农业之间的关系。

这些年，我国农业农村虽然保持了良好的发展势头，现代农业发展进程也很快，但农业发展方式仍然是传统与现代并存。"虽然农业技术设施装备条件逐步改善，但'毛细血管'不发达、'最后一公里'不到位、农业投入品利用率不高等问题还没有得到根本解决。虽然新型经营主体快速发展，但小规模经营仍占大多数，限制了农业劳动生产率的提高。虽然农产品市场体系初步形成，但很多地方农民依然是按习惯、凭感觉、跟风式种养，走不出'多了多、少了少'的烦恼循环。虽然我国是种养业生产大国，但农业区域比较优势还未充分发挥，农业产业链条不完整、不衔接仍然是我国的软肋"。

建设现代农业的过程是改造传统农业、不断发展农村生产力的过程，同时又是一个自然自觉的发展过程。一方面要积极推进现代农业发展，加快农村土地"三权分置"改革，推进土地规范有序流转，发展适度规模经营；大力引进和培育现代农业新型经营主体，充分发挥龙头企业示范带动作用；大力引进先进技术、机械设备和管理理念，通过专业合作社带动更多农民加入到现代农业发展的队伍中，促进农民增收致富；抓好现代农业示范园区建设，以"接二连三"的理念大力发展农产品深加工；积极推进互联网与传统农业的结合，加快农业产业升级。另一方面，要看到传统农业的升级改造并不是一朝一夕的事情，农民的种养习惯，特别是世世代代形成的农业经营理念有着巨大的惯性，对传统农业升级改造要考虑广大农民的适应性，不能过于激进，要有长期的思想准备。同时对精耕细作等传统农业的精华和合理内核要继承和发扬，让其在未来农业中永生。

三、农产品产量与质量、效益的关系

过去农业生产的主要目的和精力是放在提高粮食产量上，人们囿于认识的局限和人口增长的压力做了不少违背客观规律的事，以牺牲资源和环境为代价换取农业发展，尤其是进入现代农业阶段之后，人工合成的化肥、农药和各种生长调节剂广泛使用，现代农业设施和先进生产技术的普及应用，农产品产量大幅提高的同时，农产品品质并没有同步提高，甚至还有下降的趋势，出现了较为严重的农产品质量和安全问题；与此同时，农产品的比较效益也明显下降，"谷贱伤农"、"猪贱伤农"事件时有发生，农产品产量与质量、效益的关系问题逐渐被人们所重视。

随着经济快速发展，特别是进入经济新常态后，农产品产量与质量、效益之间的矛盾日益突出。一方面农业生产成本持续上升，受国际市场等多种因素影响我国主要农产品价格不断下行，不断下压的"天花板"和持续抬升的"地板"，正在压缩我国农业的发展空间。另一方面，长期靠拼资源、拼投入的粗放增长方式导致农业

资源过度开发，农业面源污染日益严重，农业生态环境不堪重负。如何在效益面临双重"挤压"，资源环境硬约束下保障农产品有效供给和质量安全、实现农业可持续发展，是必须应对的重大挑战。在这样的背景下单纯追求产量增长，片面拼资源、拼消耗的发展方式已明显不合时宜了，要转到数量、质量、效益并重的发展方式，转到依靠科技进步、提高劳动力素质的轨道上来。

正确处理当前农产品产量与质量、效益的关系，第一位的还是要稳定产量，提升粮食产能。目前，我国粮食产量问题虽然已基本解决，但随着未来人口总量增加、居民消费水平提高和农产品工业用途拓展，农产品需求仍呈现刚性增长态势。要把稳步提升粮食产能作为加快转变农业发展方式的首要任务。要坚持最严格的耕地保护制度，坚守耕地红线，全面划定永久基本农田，探索实行耕地轮作休耕制度试点，提升耕地质量；加快推进农机化、"互联网+"与农业深度融合，为粮食生产插上科技的翅膀。实施藏粮于地、藏粮于技的战略，确保"谷物基本自给、口粮绝对安全"。

注重农产品质量，确保"舌尖上的安全"。要坚持"产出来"、"管出来"两手抓、两手硬。"产出来"就是坚持绿色生产理念，从源头上保障农产品质量安全。制订保障农产品质量安全的生产规范和标准，推进标准化生产，建设一大批农业标准化生产基地，打造一大批农产品知名品牌；加大农业面源污染防治力度，推动农药、化肥、农膜减量使用；推进种养业废弃物资源化利用、无害化处理；同时加大对农民安全用肥用药的技术培训。"管出来"就是严防质量不合格农产品流入市场、流向餐桌。健全从农田到餐桌的农产品质量安全全过程监管体系，特别是要以质量检验检疫为重点，依法加强对生产或市场上销售的农产品进行抽样检测；逐步建立全程可追溯、互联共享的农产品质量和食品安全信息平台；同时加大综合执法和专项整治力度。

全面推进农业供给侧结构性改革，提高农业综合效益。农业生产将紧密围绕市场需求变化，不断优化农产品生产结构和供给结构，生产更多优质、高端、绿色，深受民众喜爱的农产品；推进土地经营权有序流转，发展多种形式的适度规模经营，发挥其在现代农业发展中的引领作用；大力发展农业社会化服务，积极推广合作式、托管式、订单式等服务形式；开发农业多种功能，推进农业产业链和价值链建设，让农民更多分享二三产业的增值收益；同时加快农业科技和经营体制创新，不断增强农业发展新动能。

四、土地生产率与劳动生产率、资源利用率的关系

我国农业发展一直走的是高土地生产率与低劳动生产率并存的道路，通过精耕细作、提高复种指数，单位土地产量很高，单产水平稳居世界前列。到了改革开放特别是农业全面市场化之后，这条路很难继续往下走，一是劳动生产率低，价格就高，国际农产品就会大量进入；二是农业比较效益低，很多农业资源就会转向其他产业，或者粗放耕种，降低复种指数，甚至是弃耕抛荒；三是化肥农药等农业生产资料利用率低，既影响农产品品质安全，经济上又不合算，高成本、高投入维持不下去。如果按这条路继续走下去，反过来将会影响和降低土地生产率。这个冲突的背后存在着深层次的矛盾：效益与产量的选择。传统农业和相对封闭的市场不太考虑效益，掩盖了这一矛盾。现代农业和开放的市场环境下，不能只简单地考虑土地生产率，片面追求产量，还要综合考虑劳动生产率和资源利用效率。既要提高劳动生产率，增加产量，做"加法"获取效益；还要提高资源利用率，减少成本，做"减法"获取效益。

目前我国劳动生产率较低，仍有几亿人从事农业生产，是我国

农业落后的一个重要特征。从国际和过去的经验看，在人多地少的条件下土地生产率与劳动生产率、资源利用率是呈反向关系的，但我国的国情决定了我们必须确保粮食基本安全，不能牺牲或过于降低土地生产率来换取劳动生产率、资源利用率的提高。因此只能寻找新出路，采取新措施，破解效益与产量的矛盾，以实现土地生产率、劳动生产率、资源利用率同步提高。一是创新农业体制机制，积极推进农地制度改革，鼓励各种形式的土地流转，适度规模经营，这是当前我国结构变革环境下发展现代农业、提高农业土地生产率、劳动生产率、资源利用率的最有效形式；二是推进农业生产机械化，逐步优化与劳动力、耕地等农业生产要素的配置状态，既能减轻农民劳动强度，又能降低农业生产成本，提高农产品产量和质量；三是积极采用现代科技手段，利用互联网、物联网、大数据等指导农民运用现代管理方式进行生产，既能实现传统农业的精耕细作，也能促成农业生产的标准化、集约化；四是培育新型职业农民，无论是土地生产率还是劳动生产率、资源利用率的提高都离不开农民素质的提高。

五、家庭承包经营与规模经营的关系

家庭承包经营与发展规模经营是由来已久的问题，之所以一直争议不休，是因为人们片面放大了家庭承包与规模经营的缺点，过度过重地看到了家庭承包经营与发展规模经营之间的矛盾，认为家庭经营无法实现规模化，把家庭经营等同于小农经济；或是认为发展规模经营就会动摇家庭承包经营这个基础，引起农村新的不稳定。实际上家庭承包和规模经营不仅有矛盾的一面，也有统一的一面，农村改革发展创新的理论和实践能有效地将家庭承包和规模经营衔接融合起来，发展规模经营不是对现有土地经营制度的否定，而是对现有土地制度的完善和提高。正如习近平同志强调："家庭经营和规模经营要统一起来，积极稳妥推进土地流转，加快农业现代化进程。"

始终坚持家庭经营的基础性地位。家庭经营是一种历史悠久并依然显示出强劲生命力的农业组织形式，是适合农业生产特点的经营方式，具有广泛的适应性，符合中国国情。虽然家庭联产承包责任制在几十年运行中也暴露出很多不足，但作为我国农村一项基本经济制度会长期稳定不变。其实阻碍我国现代农业发展的不是土地集体所有、农户家庭承包经营的基本制度，而是超小规模的分散经营方式。坚持农村土地集体所有、农户家庭承包经营的基本制度，能为发展规模经营奠定坚实的产权基础，既给承包农户长久的定心丸，又给新型主体稳定的经营预期，在确保农民平等享有承包权的基础上，引导和促进土地经营权的有序集中。

积极推进多种形式的规模经营。新形势下农业结构性矛盾凸显，农业竞争力不强，都与小规模分散经营有很大关联。"土地流转和多种形式规模经营，是发展现代农业的必由之路，也是农村改革的基本方向。"一是土地经营权流转形成土地集中型规模经营。通过发展种养大户、家庭农场、农民合作社、农业企业等新型主体流转农户承包地，集中较大面积土地开展规模化农业生产。二是合作组织带动形成紧密合作型规模经营。通过加入专业合作社等形式，统一购买农资、统一机械化作业、统一对外销售等，把承包农户分散的生产活动转变为应用现代农业生产装备的机械化、规模化经营。三是社会化服务组织带动形成松散服务型规模经营。承包农户通过与各类社会化服务组织签订协议，利用新型经营主体拥有的现代农业生产装备完成承包耕地的部分田间作业和产前产后经营活动。

促进家庭经营和规模经营衔接统一。一是土地流转要坚持依法自愿有偿原则，不能采用行政强制手段，充分尊重农民意愿，更不能损害农民利益。二是鼓励以家庭农场和农民合作社为抓手发展农业适度规模经营。在承包农户基础上孕育出的家庭农场，既发挥了家庭经营产权清晰、目标一致、决策迅速、劳动监督成本低等诸多优势，符合农业生产特点，又克服了承包农户"小而全"的不足，适应现代农业发展要求，具有旺盛的生命力和广阔的发展前景。三是规模经营要适度。经营规模不是越大越好，不能盲目求大、强行推进。"发展农业规模经营要与城镇化进程和农村劳动力转移规模相适应，与农业科技进步和生产手段改进程度相适应，与农业社会化服务水平提高相适应。"

六、家庭承包农户与新型经营主体、新型职业农民的关系

当前，我国正处于传统农业向现代农业转变的关键时期，必须切实把农业发展转移到依靠科技进步和提高劳动者素质的轨道上来。随着国家对农业扶持力度加大，资本、技术等现代生产要素不断进入农业领域，农业规模化、专业化、标准化、集约化水平不断提高，但是作为生产最关键要素的农业劳动力素质明显不相适应这种形势变化，不仅数量萎缩、结构失衡、素质堪忧、兼业化现象十分严重，而且后继乏人，许多农业新技术、农业新机械农民不会用，农业科技成果转化率低，农业生产单位产出率和效益都上不去，在国际上我国农业缺乏竞争力；同时作为农业生产基本主体的家庭承包农户，其分散的小农经营方式也越来越不适应现代农业发展的要求。因此，要实现传统农业向现代农业转变，关键是农民素质要提高，要走向职业化、专业化，也就是传统农民要向新型职业农民转变；同时家庭承包的经营方式也要完善，大力培育新型农业经营主体，逐步形成以家庭承包经营农户为基础，专业大户、家庭农场、农民合作社、农业产业化龙头企业为骨干，其他组织形式为补充的

新型农业经营体系。如果没有一支新型职业农民队伍的引领、没有一批新型农业经营主体的带动，就很难实现由传统农业向现代农业的根本转变。

新型职业农民充分进入市场，将农业作为产业，就会自觉学习掌握先进生产技术和经营管理，积极成为有文化、懂技术、善管理、会经营的现代农民。同时，一旦农业成为一种体面的职业，自然又会吸引新生代农民工返乡务农，从而实现农业劳动力的新老交替，这样农民老龄化、农业兼业化的困境也就迎刃而解。并且，随着一二三产业的加快融合，现代农业发展对具有最新农业科技知识的新型职业农民的需求更加迫切，新型职业农民将成为未来农业发展的主力军。

培育新型经营主体，构建新型农业经营体系，是推进农业供给侧结构性改革的重大举措，是加快农业现代化的战略选择。所谓的"新型"表明这种农业经营体系不再以小规模分散经营为主，而要对传统农业经营方式进行创新，发展多种形式的农业适度规模经营，同时要提高农民的组织化程度，通过利益把一家一户分散的农民组织起来，解决单个农户办不了、办不好的事情，有效抵御农业生产经营的自然风险和市场风险。新型主体经营者大多具有较高的综合素质，拥有一定的非农工作经历，在经营规模、辐射带动、盈利能力、资金来源、市场导向、产品认证、品牌建设、销售渠道等方面都具有明显的优势，必将成为我国农业的核心主体和现代农业发展的"主角"。

七、农业经济效益、生态效益、社会效益的关系

我国传统农业生产主要考虑的是满足社会对粮食的需求，追求的主要是社会效益，较少计较成本和效益，甚至围湖造田、毁林开

荒，不惜牺牲生态环境。进入新世纪特别是进入经济新常态，随着农业市场化，粮食产量实现"十二连增"，粮食自给问题基本解决以后，农业效益问题日益得到重视，但又往往忽视了农业的生态和社会效益。只考虑社会效益或片面以效益为中心都有当时特定的历史背景，有一定的合理性，但是到了现代农业发展新阶段，仅仅重视某一类效益是不可取的，应该将经济效益与生态效益、社会效益统一起来。只有依照生态经济的规律，在农业生产中同时取得相应的经济效益与生态效益，并且提升人类的生活质量，才能确保整个社会及人类的长久利益，这才是可持续农业发展模式。

农业经济、生态、社会三类效益的表现特点和影响是各不相同的。社会效益表现最直接最迅速，经济效益表现比较缓慢，生态效益表现最为长远和间接，从这个角度看，三者关系的实质是农业近期、中期和长期效益的关系。农业经济、生态、社会三类效益追求的目标也是各不相同的，经济和生态的要求相对较为单纯，社会效益目标是综合性的，其中就包含了经济与生态效益，有了经济效益和生态效益，农业的多种功能都得以发挥，社会效益就体现出来了。从这个角度看，三者关系的实质是农业局部利益与社会全局利益的关系。因此，要正确处理农业经济效益、生态效益、社会效益的关系，就要按照习近平同志所要求的"坚守发展和生态两条底线，切实做到经济效益社会效益生态效益同步提升"。从追求眼前经济效益为主，逐步过渡到追求农业经济效益、生态效益、社会效益并重，农业近期利益和长期利益兼顾。

一是指导思想上要克服经济效益至上的价值追求，在农业生产过程中，在开发利用自然资源时，遵循生态经济规律，使生物群体与环境之间的能量转化和物质循环达到最佳状态，以充分发挥生态效益，进而实现最佳的经济效益。

二要处理好农、林、牧业之间的关系，做好退耕还林还草工作。农业为畜牧业提供饲料；森林发挥调节气候，涵养水源，保持水土，防风固沙功能，为农业、牧业高产稳产提供保障；畜牧业为农业提供肥料，肥多粮多，从而促进农业发展。

三要调整农业内部结构，一业为主，多种经营，立体种植、种养结合，逐步实现生态农业"整体、协调、循环、再生"的理想模式，"当前要按照稳粮、优经、扩饲的要求，加快构建粮经饲协调发展的三元种植结构"。

四是积极培育现代农业新业态。现代新的生产技术和新型经营模式向农业渗透、与农业融合，催生出了许多新的农业产业形态，目前发展较快，比较成熟的新业态主要有设施农业、生态农业、休闲观光农业和农村电子商务等，这些新兴业态不仅产出高、效益好，而且生态环保，社会效益良好，具有强大的生机活力和广阔的发展前景。

八、政府主导与农民主体的关系

在计划经济时期以及改革开放后相当一段时期，我国农业发展实际上是以政府为主体的。改革前是政府包揽一切，农民没有生产自主权；改革初由于计划经济的巨大惯性等多种原因，政府也未将经营自主权真正交给农民。前些年农村产业结构调整，不少地方都采用过行政手段，"强按牛头喝水"，强替农民当家，然而，效果多不尽如人意。

无论是从发达国家农业现代化实现的方式，还是从我国过去农村改革的经验教训来看，政府的作用不可削弱，但仅有政府的主导作用是不够的，必须同时发挥好农民的积极性和市场引导作用。由于政府和农民在农业农村发展中扮演的角色不同，必须要调整政府与农民的关系和各自的行为方式，当前政府与农民关系正在进入一个新的发展阶段，这种新型关系既肯定政府的主导地位，又强调农民的主体作用，更重视政府主导地位与农民主体作用相结合，实现互利共赢。

在政府与农民的矛盾关系中，政府处于主导和强势地位，是矛盾的主要方面，调整二者关系的关键是政府。以政府为主导，就是对农民由直接干预管理变为通过政策市场引导和提供服务。一是政策上主导。制定土地流转、金融信贷、农业补贴、保险保障和农民创业扶持等一系列政策，支持、引导农村经济发展。二是组织上主导。找准适合地方经济发展的产业，科学规划，同时加强保护，维护主体竞争秩序的公正性，使农业发展有一个宽松的社会环境。三是服务上主导。强化信息服务、产品销售、技术指导和金融保险等农业服务；建立风险保障体系，增强农民、农业适应市场和抵御风险的能力。四是投入上主导。当前要补齐农业农村发展短板，加强对交通、水利和农田基本建设的投入，同时鼓励社会资本投资运营农业，实行政府主导下的投资主体多元化。

2016 年中央一号文件最大的亮点是提出"农民主体论"，明确以农民为主体，以农民福祉为一切工作的落脚点。以农民为主体，就是充分尊重农民的意愿和经营自主权，调动农民积极性。农民主体作用体现在四个方面：一是建设主体；二是经营管理主体；三是利益主体；四是合作主体。政府应在主体作用有限的地方积极介入，凡是在主体能有效发挥作用的地方应尽可能少介入或不介入；另外要加强宣传教育，提高农民综合素质，积极培育新型职业农民、发展新型农业经营主体，为实现农业发展和供给侧结构性改革提供有效可靠的承接载体。

九、农产品营销与品牌建设的关系

随着农村市场化改革和加入 WTO 后农产品市场对外开放，在国内外农产品供给双轮驱动下，我国农产品市场竞争开始加剧，农产品滞销卖难现象日益加剧且见诸报端，究其原因一是农产品缺乏营销。长期以来，"重数量轻质量"的经营意识根深蒂固，不少人认为，只有进入工厂经过生产工艺加工后的产品才是真正的"商品"，人们对工业产品广告习以为常，关于农产品的营销却是风毛麟角，导致很多优质特色农产品"养在深闺人未识"，好产品卖不上好价钱。二是农产品营销不得法。营销技术和手段落后单一，多是品种的简介资料，营销的目的也仅限于推销，不重视品牌的推广宣传，尚未有意识地利用媒体广告、公关宣传等全方位塑造品牌形象。

产品营销包含广告宣传和品牌建设，品牌是营销的重要组成部分，出色的营销活动能够同时兼顾销售促进与品牌成长，品牌建设从营销管理演化而来，又超越了营销。实际上只有广告不会有真正的品牌，也不是真正的营销，品牌是营销的重要成果，是一个企业良好营销组合策略的结果。

农产品要想顺利走向市场，需要有独特的属性或是标识，不同的农产品品质相差甚远，即使达到国家相关质量标准的同类品牌的农产品，由于生长环境不同，仍可能存在很大的品质差异，如风味、质地、口感等。这些差异消费者无法用感观识别，也不可能在购买之前亲自品尝。所以，消费者需要有容易识别的标志，这一标志只能是品牌。"品牌是信誉的凝结"，代表着消费者对产品及其服务的认知认可程度。因此农产品生产需要转变营销思路，在重视广告宣传的同时注重品牌建设，要把营销过程与品牌建设有机结合起来，从单纯的产品销售提升到品牌营销，实施农产品品牌战略。一是确保优质农产品的生产。营销和品牌赖以生存的基础是产品的品质，要对农业生产的产前、产中、产后全过程制定标准和实施标准，没有标准就没有质量；同时要坚持绿色生产理念，推广先进的农业科技成果，积累经验，确保农产品的质量和安全。二是大力培育农业品牌。采取多种手段进行品牌的整合宣传，提高公众对品牌形象的认知度和美誉度；注重锻造品牌灵魂，让品牌有故事、有态度、有温度、有情怀，形成直击人性的品牌态度和价值主张；要重视现代物流新业态，广泛运用现代配送体系、电子商务等方式，开展网上展示和洽谈，增强信息沟通，搞好产需对接，以品牌的有效运作不断提升品牌价值。三是加强对农产品品牌的保护。对农产品品牌来说，建设和保护同样重要。政府要全面推行"三品一标"认证，坚决打击假冒伪劣农产品，加重违法侵权成本，让假冒伪劣农产品远离市场。企业自身也要切实加强商标意识，善用法律手段维权。

十、农业"引进来"与"走出去"的关系

我国有着悠久的农业对外交流的历史，古代丝绸之路曾对丰富沿线人民的生活，促进农业技术交流和农产品贸易发挥了重要作用。新中国建国特别是改革开放以来，在"和平发展、合作共赢"的对外方针指导下，坚持"引进来"与"走出去"相结合，农业对外交往与合作不断向广度与深度发展，在农业科技、经济、贸易等领域都取得了显著成效，对推进我国农业现代化建设和促进世界农业进步起到了良好作用。"一带一路"等国家重大战略的实施为我国农业经济发展带来了新的机遇。"一带一路"国家跟国内的农业有很强的互补性，依托"一带一路"，充分利用国际平台，可以更高层次地"引进来"和更大规模地"走出去"。更高层次地"引进来"，有利于更好地利用国际市场和资源，缓解国内紧缺农产品供求紧张关系，减轻国内资源环境压力；更大规模地"走出去"，有利于拓展农业发展空间，提升我国在全球农业价值链分工中的地位。这既是对"一带一路"建设的丰富和支撑，更是我国对农业国际事业的

有力促进，具有特殊而重要的意义。

我国对外农业合作经过几十年的积累形成了一定的基础，总体发展较快，未来也有较大的潜力，在坚持"引进来"与"走出去"相结合的同时，必须考虑到"引进来"与"走出去"的重点和内容出现的变化。

从重点看：客观地说，前期农业"引进来"比"走出去"的力度要更大一些，引进消化的地膜覆盖、保护性耕作、节水灌溉、设施农业等大批先进农业技术已得到广泛应用，产生了良好的经济社会效益；引进的大批优良的动植物品种资源、先进技术和管理经验，提高了农业的科研水平，增强了农业综合生产能力和农产品的竞争力。下一步"一带一路"对农业发展的机遇，有可能主要是"走出去"的机遇。要把"走出去"作为农业发展的重大战略，以"一带一路"沿线及周边国家和地区为重点，支持农业企业开展跨国经营，建立境外生产基地和加工、仓储物流设施，培育具有国际竞争力的大企业大集团。

从内容看：以前"引进来"侧重于先进的农业生产技术和管理经验，未来"引进来"可能主要是农产品的进口；以前"走出去"多带有对外农业援助性质，或是投资和援助项目相结合，以援外项目为先导，带动农业投资进入当地市场。未来的"走出去"不再是简单地租地种粮，而是全方位地投资，鼓励农业企业联合出海，在国外开展上下游合作，构建作物种植、收购、加工、仓储物流、贸易等涉农产业链。支持农业龙头企业与跨国农业企业以合资、参股、收购等形式开展合作。

对外农业合作特别是农业"走出去"是一项益民生、利长远的系统工程。因此，必须加大政策支持力度，尽快出台专门针对农业对外投资和农产品贸易的鼓励性政策，促进投资便利化，有效防范风险。在涉外商业性农业项目中，必须理顺政府和市场的关系，避免政府"拉郎配"的行为。同时"走出去"的企业要坚持正确的义利观和"亲、诚、惠、容"的理念，要以农业促全面合作、促共同发展，尊重当地风俗、拒绝恶性竞争，重视食品安全。只有帮助外方真正实现农业发展，树立中国负责任大国形象，才能使我国对外农业合作成为"有源之水"，农业"走出去"才能走得更稳更远。

第三节　以高质量考核评价体系引领全面乡村振兴
——浙江省"亩均论英雄"改革有感

"亩均论英雄"，是浙江率先提出和推进的重要改革。后来，安徽、四川、湖南株洲等地也都提出了"亩均论英雄"，还根据自身实际作了细化优化。例如安徽上线了"亩均论英雄"大数据平台，对亩均效益提供数据支撑；四川142个开发区建立了亩产效益综合评价体系；湖南株洲发布了"亩均英雄"企业榜单，以"亩均"评出50强企业等。从这些地方实践看，"亩均论英雄"，是贯彻新发展理念的新实践，发展思路上的一种新导向：抓经济，要尤为突出综合效益；抓发展，要尤为突出高质量。

一、土地对经济发展约束力日益增强

不同于日本、韩国等国土面积较小的亚洲经济发达国家，我国幅员辽阔，一直以来土地承载能力对经济发展的制约并不突出。在GDP情结的推动下，各地各级经济发展重数量不重质量情况普遍存在。但伴随城镇化推进、人口向城市集聚，以及房地产开发规模加大等因素叠加，土地日益成为经济发展硬约束，尤其是经济发展较早较好的东部沿海地区大部分省份土地承载能力不堪重负，生态环

境形势严峻，面临路径转变、结构转型、动力转换等。即使是经济发展较为滞后的中西部地区，近些年土地承载能力的"瓶颈"效应也逐步显现。正确处理发展建设与资源保护、有序利用的关系，成为地方政府亟需解决的问题。正是在这种情况下，在我国经济确立高质量发展目标的大背景下，浙江等省份开始探索旨在促进经济提质增效的新的经济考核评价体系。

"亩均"概念被引入经济领域后，与经济密度指标类似。经济密度是被称作"寸土寸金"的效益概念，反映城市单位面积上经济活动效率及土地利用的密集程度，具体数据为区域国民生产总值与区域面积之比。经济密度指标可以衡量城市投入产出集约化程度以及各种发展要素的集聚能力，是协调区域发展和制定经济政策的重要依据。

在以经济密度为代表的经济活动效率指标方面，我国长期落后于美欧发达国家，也落后于亚洲经济发展较发达的近邻日本、韩国。作为我国最发达的两个城市群，珠三角 2022 年经济密度仅为每平方公里 1.6 亿元，只及东京都市圈（8.05 亿元）、首尔都市圈（3.95 亿元）的 1/5、2/5；长三角仅为每平方公里 0.69 亿元，为东京都市圈、首尔都市圈的 1/12、1/6(见下图)。

单位：亿元／平方公里

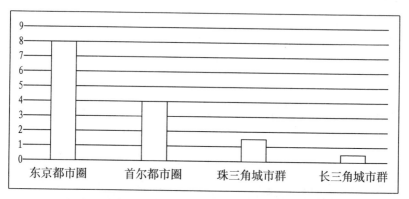

2022 年中韩日较大城市群经济密度对比图

从国内情况看，各省市之间经济活动效率并不均衡，并且经济密度数据与 GDP 排名呈现不一致特征，体现了经济发展数量与质量的差异性。表 1 选取的是 2022 年我国 GDP 超过万亿元城市经济密度数据，表中可见，深圳虽然 GDP 总量排名全国第三，但以每平方公里产生 GDP11.24 亿元的经济密度数值遥遥领先其他城市，可谓一骑绝尘，凸显了其作为经济特区、对外开放前沿城市的良好经济发展质量。GDP 超万亿元的 14 个城市中经济密度数值超过每平方公里 2 亿元的城市只有 6 个，低于 1 亿元的有 5 个，表明在同样的单位面积土地上我国大城市经济活动效率远远低于日本、韩国。

表 1-1　2022 年我国 GDP 超过万亿元城市经济密度情况表

城市	GDP(亿元)	GDP 排名	面积 (平方公里)	经济密度 (亿元／平方公里)	经济密度 排名
上海	30 133.86	1	6 340	4.75	2
北京	28 000.40	2	16 411	1.71	7
深圳	22 438.39	3	1 997	11.24	1

广州	21 503.15	4	7 434	2.89	3
重庆	19 500.27	5	82 403	0.24	14
天津	18 595.38	6	11 946	1.56	9
苏州	17 319.51	7	8 488	2.04	5
成都	13 889.93	8	14 312	0.97	11
武汉	13 410.34	9	8 494	1.58	8
杭州	12 556.00	10	16 596	0.76	13
南京	11 715.00	11	6 587	1.78	6
青岛	11 037.28	12	11 282	0.98	10
长沙	10 535.51	13	11 819	0.89	12
无锡	10 511.80	14	4 628	2.27	4

二、经济考核评价体系创新的局部实验

浙江省 2022 年 GDP 总量 51768 亿元，位列全国第四，是经济增速最快和最富有活力的头部省份之一。但作为市场经济先发地区，它也率先遇到了"成长的烦恼"和"转型的阵痛"，浙江"七山一水两分田"，缺电少煤无油，土地、能源、环境容量等要素资源较为紧缺，其中尤以土地资源为甚。2022 年全省人均耕地面积 0.54 亩，仅为全国平均水平的三分之一。随着发展步伐的加快，土地利用还比较粗放，单位建设产出率相对较低，资源错配、低配现象一定程度存在等因素对经济发展的制约不断加剧，粗放型外延式的增长方式难以为继。2022 年浙江全省及省内 GDP 排名前六的城市经济密度大多在每平方公里 1 亿元左右及以下，最高的嘉兴为 1.11，最少的台州为 0.45，全省为 0.49。

表 1-2 2022 年浙江省及省内较大城市经济密度情况表

城市	GDP(亿元)	面积 (平方公里)	经济密度 (亿元／平方公里)
浙江省	51 768	105 500	0.49
杭州	12 556.16	16 596	0.76
宁波	9 846.94	9 816	1.00
温州	5 453.17	12 061	0.45
绍兴	5 108.04	8 279	0.62
台州	4 388.22	9 411	0.47
嘉兴	4 355.24	3 915	1.11

"亩均论英雄"改革可以说是浙江在日益严峻的资源环境压力下探索形成的一条新路，是习近平主席主政浙江期间提出的"腾笼换鸟""凤凰涅槃"理论的具体实践，浙江不是孤例，临近的江苏省尤其是苏南地区同样面临土地开发强度普遍接近极限的难题，"亩产论英雄"改革近年来也在江苏试行。江苏省提出树立"以亩产论英雄"的导向，着力提升土地产出率。按投入强度和单位产出水平，对"低产田"和"高产田"进行差别化的资源配置和政策支持。接着，苏州市提出未来三年内将全面推行工业企业资源集约利用综合评价工作，完善资源要素差别化配置政策，优先发展 A 类企业，支持发展 B 类企业，提升发展 C 类企业，限制发展 D 类企业。通过正向激励和反向倒逼，引导企业走绿色高效发展之路。其后，江苏确定将在全省推广这一模式。

三、经济密度 2.0 版的"亩均论英雄"

浙江省"亩均论英雄"评价体系采用以亩均税收、亩均增加值、全员劳动生产率、单位能耗增加值、单位排放增加值、R&D 经费支出占主营业务收入之比等 6 项指标为主的经济指标综合评价企业"亩产效益"。依据评价结果，实施用地、用电等资源要素差别化政策。按照"利用效率高、要素供给多"的原则，构建年度用地、用能、排放等资源要素分配与市县"亩产效益"绩效挂钩的激励约束机制。对工业亩均税收低于全省平均水平的，适当减少新增工业用地指标；对单位能耗增加值高的市县，在能源消耗总量指标上给予倾斜；对单位排放增加值高的市县，在主要污染物总量减排上给予倾斜。通过限制高消耗、低效益的"落后制造项目"的发展，合理转移和淘汰不适合继续留在当地发展的产业，为产业升级腾出发展空间，实现以最小的资源环境代价获得最大的产出效益。

和经济密度指标相比，浙江省"亩均论英雄"体系以推进供给侧结构性改革为主线，摒弃了"唯 GDP 论英雄"的发展观、政绩观，弱化速度情结，强化质量理念，通过多元化指标设计，细化经济效率标准，引入单位能耗、单位排放等促进环境保护的绿色发展指标，从规模为王到单位产出为王，完善和深化企业综合评价、应用体系，引导企业由提高资源要素产出率向提高创新要素生产率升级，初步建立了以集约用地、节能降耗减排为重点的企业"亩均效益"导向、约束和评价机制，为加快实现实体经济高质量发展奠定坚实基础。

经过 10 多年不断完善，"亩均论英雄"改革成为在全国具有先发优势的制度创新系统工程，为高质量发展中的经济考评体系提供了具有极强示范效应的浙江经验、浙江样本，对经济发展的成效也逐步显现。近年来浙江省亩均产出、单位能耗产出、单位排放产出等指标持续较快提升。2022 年，全省规模以上工业企业中 A 类企业 7 885 家，占规模以上企业 20%，用地占 29%，实际税收贡献占60%。截至 2022 年底，累计完成城镇低效用地再开发 36.2 万亩。

全省规模以上工业企业亩均税收从 2013 年的 12.6 万元增加到 2017 年的 21.6 万元，增长 71.4%；亩均增加值由 85.8 万元提高到 103.7 万元，增长 20.9%；全员劳动生产率由每人 16.9 万元提高到 21.6 万元，增长 27.8%；单位能耗增加值由 1.2 万元提高到 1.3 万元，增长 8.3%；R&D 经费支出与主营业务收入之比由 1.1% 提高到 1.53%。5 月召开的浙江省深化"亩均论英雄"改革工作电视电话会议提出了"一年大提升，三年走前列，五年成示范"的改革目标。到 2022 年，浙江省规模以上工业亩均税收、全员劳动生产率、亩均增加值预计分别达到 30 万元／亩、30 万元／人每年、140 万元／亩，小微企业全部入园，基本实现"园区之外无企业"，服务业发展质量显著提升。会上还总结提炼了"提高亩均效益十法"，分别是腾笼换鸟法、机器换人法、空间换地法、电商换市法、品牌增值法、兼并提效法、管理增效法、循环利用法、设计赋值法、新品迭代法。

四、经济高质量发展时代呼唤新的经济考核评价体系

"亩均论英雄"改革旨在通过企业"亩均效益"综合评价和资源要素差别化配置，推动资源要素向优质高效领域集中，从而倒逼政府和企业聚焦聚力高质量，从原来粗放式转向集约化发展。因此，这场看似企业考核体系更迭的改革，背后的实质是经济发展方式的转变。浙江省省长袁家军表示，"亩均论英雄"改革是地方经济治理的一场深刻革命，其初衷是加快转变经济发展方式，实质是推动高质量发展。

经过近 40 多年大变革大发展，我国已经走到了一个新的重要关头。改革进入深水区，利益格局固化板结，速度与质量的权衡、活力与有序的把握、中央和地方的博弈，两难甚至多难情况同时存在。在这一背景下，实现经济转型的目标要远重于 GDP 增速的快

慢。结构调整、转型升级和体制改革能否顺利推动并持续显现积极成效，将是决定未来很长时间内我国经济发展状况的关键性因素。基于此，，我国经济已由高速增长阶段转向高质量发展阶段"亩均论英雄"，就要求政府有为、善为，要转变职能、讲求效能，不必贪大求全、不必非以"块头"论英雄，有所为、也有所不为。无论是招商引资，还是产业布局，不能只顾眼光、不看长远，只打小算盘、没有大格局，或者只算"数量账"、不算"质量账"，只算"产值账"、不算"效益账"。

高质量发展要从"重视数量"转向"提升质量"，从"规模扩张"转向"结构升级"，从"要素驱动"转向"创新驱动"，从而实现更高质量、更有效率、更加公平、更可持续的发展。高质量发展有着非常丰富的内涵，而且实践中还在不断拓展。建立适应高质量发展的评价体系既要针对当前，又要着眼长远。包括注重反映发展的质量、结构和效益，注重反映经济、政治、文化、社会、生态发展变化情况，注重反映人民群众多样化美好生活需求，全面展现质量变革、效率变革与动力变革。同时，评价体系需要适应现代化发展进程，在创新发展中对评价指标予以不断调整、不断修正，以及能在实际操作中通过绩效评价、政绩考核形成反馈机制和政策保障体系。同时，高质量考核评价体系也应包括更加全面的评价指标，除 GDP 外，引入劳动生产率、全要素生产率、单位产值能耗等经济型指标。

在经济高质量发展阶段，长江经济带被赋予在调整经济结构、转变发展方式上实现根本性突破，走出一条生态优先、绿色发展新路，推动高质量发展的重任。习近平主席在深入推动长江经济带发展座谈会上强调，加强改革创新战略统筹规划引导，以长江经济带发展推动高质量发展。"亩均论英雄"考核评价体系全面改革的推出可谓适逢其时，预计将会产生示范效果，有很大几率会由地方上的局部实验成为全面推广的经验。

五、经验启示

"亩均论英雄"改革以壮士断腕、刮骨疗伤的决心腾退落后产能，倒逼企业转型，但不言而喻，短期将对地方经济发展造成影响，甚至有可能出现一定规模企业外流。浙江、江苏、广东等作为全国头部省份，经济总量比较高，创新活跃度比较大，有这个资本去实施这项政策，其他经济不发达省份则不然。另一方面，从具体过程看，"亩均论英雄"改革无论是指标选取、标准设定，还是组织实施都存在不小的难度：一是科学评价难，各地产业结构不一样，对评价体系的针对性、精准度要求很高，普适性评价标准制定难度高；二是政策推进难，水电气价、排污费等差别化政策具体实施过程中落地难；三是倒逼退出难，浙江各地在实践中，普遍碰到末档企业退出十分困难，甚至有的劣势企业已经歇业，却没有淘汰退出的有效办法。各地与发达省份相比，人均 GDP、单位污染物排放等指标仍存在一定差距。由于经济环境和承受力各方面因素所限，各地短期内实施"亩均论英雄"考核评价体系并不现实，但不妨碍我们各地从这一改革中汲取有益经验。从宏观上看，至少有以下几点经验值得学习和借鉴。

一是准确理解高质量发展理念内涵。目前，追求高质量发展已成为社会共识。要准确理解高质量发展内涵，正确衡量经济发展质量。综合目前看，高质量发展的第一个衡量标准是提高劳动生产率，实现在更少投入的基础上获得更高的产出。提高劳动生产率，是应对劳动力红利消失、劳动力成本不断上升的必然举措。而劳动力质量的提升，将带动劳动力技能、管理、知识等在产出增长中贡献率的增长。其次，衡量高质量发展要看一个地区的经济发展在动能上是靠要素和投资驱动，还是靠创新驱动。高质量发展不能仅仅看一个地区经济总量增长了多少，还应该看这些增长有多少是由创新要素带来的。除此之外，高质量发展还需要实现经济与社会的均衡发展，经济增长目标不单纯是 GDP 的增长，还应扩展到社会福利、教育、医疗等方面的同步发展。另外，高质量发展还应该建立在人与自然和谐发展的基础上，推动高质量发展，要使经济发展的环境成本更低、能耗更低，污染水平不断下降。

二是改革经济考核评价体系。首先是政府在推动和引导经济发展的理念上要发生变化，不唯 GDP 论英雄要得到真正的认可。政绩考核相当于地方政府施政的"指挥棒"，多年来政绩考核体系的"唯GDP"取向，使得地方政府将主要精力和资源用于招商引资、房地产等可以拉动 GDP 增长的事务，对企业的综合评价也主要以投资和税收衡量，而对经济发展质量、生态建设等领域重视不够。未来要以"创新、协同、绿色、开放、共享"为基本理念，进一步深化考核评价指标体系设计，因地制宜创新评价办法，除 GDP 外，引入劳动生产率、全要素生产率等经济型指标。除此之外，还可适当引入反映环境效益指标如单位能耗增加值、单位排放增加值，以及社会效益指标如就业吸纳能力、社会保险费征缴等，从而鼓励企业主动实施技术改进、加大研发投入、节约土地资源，充分发挥考核评价体系对我们各地转变发展方式、优化经济结构、转换增长动力的撬动效应，促进我们各地经济实现"增长中高速、质量中高端"。

三是坚持算好"环境账"。浙江的"亩均论英雄"改革"精打细算"的不光是土地等"资源账"，还有"经济账"和"环境账"。党的十八大以来，特别是今年召开的全国生态环境保护大会之后，绿水青山就是金山银山的理念深入人心。我们各地良好的生态环境是我们最突出的优势、最宝贵的财富，也是最重要的品牌。近年来我们各地在生态文化体系、生态经济体系、目标责任体系、生态文明制度体系、生态安全体系建设方面，都取得很大进步。"河湖林田草综合治理"、河湖连通工程及生态红线的划定等使我们各地生态环境发生了全局性的、根本性的变化。在建设美丽乡村过程中，我们要以供给侧结构性改革为主线，建立一系列行之有效的科学方法和体制保障，通过正向激励和反向倒逼，引导地方和企业从原来摊大饼式的数量扩张转向质量求胜，不断提高资源要素使用效率，以最小的资源环境消耗获取最大的发展效益，加快破解"天花板"制约、消除"成长的烦恼"，既要生态保护的"高颜值"，又要经济发展的"高素质"，实现绿色发展、高质量发展。

四是继续推进经济结构优化升级。推动经济高质量发展，要把重点放在推动产业结构转型升级上。当前我们各地振兴正处于爬坡过坎阶段，这个坡就是高质量发展的坡，这个坎就是创新发展的坎、转型升级的坎。下一步要立足优势、挖掘潜力、扬长补短，努力改变传统产业多新兴产业少、低端产业多高端产业少、资源型产业多高附加值产业少、劳动密集型产业多资本科技密集型产业少的状况，正确把握破除旧动能和培育新动能的关系，积极稳妥腾退化解旧动能，破除无效供给，彻底摒弃以投资和要素投入为主导的老路。以"亩产效益"为导向配置土地资源，约束土地功能，提高土地集约化利用，充分发挥土地资源在经济结构升级中的推进作用，深入推进资源要素市场化配置，弥补产业链短板，推动传统企业转型升级，大力发展高科技产业，进一步发展高端服务业，构建多元发展、多极支撑的现代产业新体系，形成优势突出、结构合理、创新驱动、区域协调、城乡一体的发展新格局，实现经济发展质量变革、效率变革、动力变革。

他山之石可以攻玉，自河之玉可以生辉。我们应充分利用本地现有的工作机制，全面学习浙江省经济社会发展经验，创新发展理念、开辟新的发展路径，坚持质量第一、效益优先，树立科学的政绩导向，完善市县、开发区等综合考核评价体系，形成更加科学的政绩导向，把"窗口期"变成跨越式发展的"加速期"。

第四节 加快释放县域经济高质量发展的"镇能量"

镇域经济连接着县域经济和村域经济，是县域经济的基础和重要组成部分，是壮大县域经济总量、提升区域综合竞争力的关键一环，也是促进乡村振兴、缩小城乡差距的重要抓手。习近平同志指出，"抓小城镇建设大有可为"。从长三角城市群发展历程看，"镇域强，则县域强；县域强，则市域强"。淮安市委八届六次全会强调要促进"县域经济突破"，这需要加快释放支撑县域经济高质量发展的"镇能量"，以"一子动"带动县域经济"满盘活"。

一、淮安市镇域经济发展的主要成就

目前，淮安市有 57 个镇、38 个街道，1382 个行政村、202 个居委会。党的十八以来淮安市在镇域持续发力，多措并举，加大产业项目建设、扩大招商引资和城乡融合发展，推进镇域经济高质量发展不断取得突破。

一是以产业为基础的镇域经济发展新格局逐步形成。坚持工业思维，精心做好"土、特、产"文章。不断提升优质稻米、小龙虾、规模畜禽、螃蟹、绿色蔬菜五大产业集群的广度和深度，注重一二三产融合发展，持续做大做强现代农业，着力提高乡村产业质量效益和竞争力。全市累计建成 6 个国家级、16 个省级现代农业产业园，

6个国家级、62个省级农业龙头企业，以及7个国家级农业产业强镇、5个省级农产品加工集中区、5个省级现代农业产业高质量发展示范园。聚焦项目招引、项目建设和企业服务，根据镇域发展实际和资源禀赋情况，不断激发镇域发展活力。

二是以绿色为主题的镇域生态环境不断变靓。全市累计创成省级生态美丽宜居示范镇3个、示范村37个，市级示范村153个。新改建农村户厕4.3万座，全市无害化农村户厕实现76%，全市涉农村居实现公厕全覆盖，全部达到城市三类标准以上。

三是以人为核心的镇域民生生活持续改善。深入实施发展壮大新型村级集体经济三年行动和农民收入十年倍增计划，全市农民人均可支配收入从2012年的9838元提高到2022年的23404元，翻了一番多。继续推进土地流转，坚定不移发展主导产业，进一步带动农民就业和增收。2022年160个先导村村均实现集体经济增收25.41万元。

四是以"善治"为抓手的镇域治理空间不断优化。围绕"清、收、用"关键环节，组织开展"百日攻坚"行动，将乡村公共空间治理作为推动县域经济高质量发展的牵引性工程。厘清公私边界，聚焦农地、道路、水体、镇区、园区、社区、村庄内外和集体资源资产等"七空间一资源"，全面排查乱占乱建、乱耕乱种等扰乱农村空间秩序的行为。通过生产、生活、生态"三生"空间全要素治理，理顺公共秩序、厚实村集体家底、改善镇村生态环境。

二、淮安市镇域经济发展的突出问题

"2023镇域经济500强"（以一般公共预算收入需在1.5亿元以上设置"单门槛"）中江苏省占137席，其中苏南占比84%。苏中的南通、扬州、泰州分别入选14个、7个、6个镇。苏北五市入选相对较少，其中徐州入选 5 个，盐城、连云港各入选 4 个，宿迁、淮安各有 1 个入选。与其他强镇相比，淮安市镇域经济上对县域经济的支撑作用有待提升，下对乡村振兴的牵引作用有待增强，主要存在四个方面的突出问题：

一是镇域经济发展的非均衡性比较突出。受区位环境、人文历史等因素影响，淮安市镇域经济发展的不平衡问题比较突出。上半年，全市实现税收收入最高的乡镇是最低乡镇的 1137 倍；固定资产投资最高的乡镇是最低乡镇的 2475.5 倍。有些乡镇"红红火火"，经济指标稳步提升，综合实力显著增强；而有些乡镇则"逐渐萧条"，镇域经济长久发展的基本动力尚未明晰。

二是镇域产业集聚发展新路子亟需摸索。淮安市 50% 以上的乡镇是农业主导型乡镇，农产品种植科技含量低、产品附加值低、竞争力不强，制约结构进一步调整。除了施河镇、高沟镇等为数不多的乡镇，镇域多数企业规模小，科学技术含量不高，很多产业只是在低价值链端口循环徘徊。有些乡镇发展空间和辐射区域狭小，资源集聚能力较弱，经济难以繁荣起来，城镇功能的发挥受到极大影响，镇域发展的后劲严重不足。

三是乡镇项目招引实效不强。受产能过剩、成本上升和资源趋紧等因素影响，一些企业由原来向外扩张转为自保生存，投资计划暂缓，投资意愿低迷，给招商引资工作带来一定难度。部分企业因市场需求下降、资金短缺、技术力量薄弱、管理不善、缺乏人才等原因，导致转型困难，甚至面临停产、厂房闲置等问题。同时乡镇没有充足的资金投入，缺乏支柱产业和骨干企业，进一步制约了发展，经济发展后劲不足。

四是基础设施建设相对薄弱。农业基础设施薄弱，农业产业化程度低，农业综合生产能力不强，农业生产抗自然灾害能力弱和受市场行情波动大。城镇道路、水利设施等基础设施建设滞后，特别是城镇给水、污水处理、垃圾处理等市政设施，文化、娱乐等公共设施还不能适应城镇发展需要。

三、淮安市镇域经济高质量发展的对策建议

（一）淮安市镇域经济高质量发展要突出特色，做好规划

一是突出特色，做强"专业镇"。淮安市乡镇（街道办）可根据各自特色分为农业主导型（如岔河镇、苏嘴镇等）、工贸带动型（如施河镇、高沟镇等）、生态涵养型（如蒋坝镇、天泉湖镇等）、城郊融合型（如南马厂街道、和平镇等）、交通枢纽型（如马坝镇、保滩镇等）。要特别注意镇域经济和优势色产业集群建设的规模差异、产业差异、主体差异和业态差异，重点引导镇村依托特色产业，做强"专业镇"。同时特色产业的发展不可盲目照搬照抄别人的经验，要立足于本地实际，因地制宜，发挥优势，采取多种方式，尽快打造镇域经济发展的特色。

二是做好全产业规划。按照"全空间、全要素、全方位"的理念，以市域作为一个完整意义的整体统筹考虑产业规划，统一规划、科学布局，把特色产业与县域经济、市域经济、区域经济发展相协调，实现全价值创造的一体化发展格局，包括优化调整产业结构、高效重塑产业空间、持续发展产业经济，绘制全市乡镇产业发展图谱，引导资源要素向优势乡镇流动的同时也需要注意扶持落后乡镇，实现均衡发展。

三是建立镇域经济监测评价体系。从经济实力、发展水平、工业水平、消费能力四个方面构建镇域经济监测评价体系，与经济社会高质量发展指标高度契合。定期发布每个乡镇主要经济指标变

动情况，同时由市委市政府智库部门给出分析报告，分析报告里详细指出位次变化较大的乡镇经济发展短板和弱项，提供针对性指导意见。

（二）淮安市镇域经济高质量发展要优化结构，整合资源

一是优化产业结构。坚持把优化产业结构、深化科技创新作为破解镇域产业规模小、链条短、收益低的治本之策。做好"农头工尾"的增值大文章，蹚出农业发展的新路子。通过"网络＋公司＋农户"的方式，放大电商对农业的溢出效应。"从田头到餐桌"，不断带动农民的增收能力。比如，睢宁，沙集镇抓住苏北农村电商的机遇从偏僻乡村变身"电商热点"。

二是深度整合镇域资源。整合镇域土地、原材料等生产资源，加快碎片化资源整合，在新型城镇化建设过程中从生产资源"供给泵"向"蓄水池"加速转变。重点整合乡镇土地资源，"小田并大田"，开展解决承包地细碎化试点，促进土地资源优化配置，提高耕地利用效率。实现"经营大托管，小田连成片"。同时在推进宅基地"三权分置"上下功夫，搞活宅基地。

三是实现差异化综合发展。坚持以目标为导向，切实加强位于不同区位、不同发综合类型镇域间的合作，实行差异化综合发展，坚决避免同质化竞争，通过实行以"强镇带弱镇"与优势互补，逐步缩小各镇域经济的差距，进而推进全市镇域经济快速发展。

（三）淮安市镇域经济高质量发展要内外招商，合力攻坚

一是深层次内外招商。乡镇对外招商要立足自身产业优势、创新思路、积极拓宽渠道。特别是要用足用好国家优惠政策，向政策要资金，招引发展潜力大、可持续时间长、规模小但质量优的项目。乡镇对内招商要帮助镇域优质企业在市场低迷时渡过难关，对于信

誉好且潜力大的优质企业面临生产资金流动或市场开拓困难等问题时"帮一把"，帮助企业联系高校，搭建平台，让本地高质量人才能够以技术服务企业。

二是"软硬兼施"做好镇域营商环境。软硬环境是关键，硬环境就是要抓好小城镇建设，软环境就是要提高服务水平，创造良好的项目推进机制，改善外商投资服务方式。同时加强考核，所有乡镇项目从开始建设都要求闭环式管理，最终目标就是全面达产达效，发挥经济效益和社会效益。

三是提供"四个保障"。提供规划保障，对未列入土地利用总体规划的项目用地，只要选址未占用基本农田就积极协调予以办理。在规划控制指标不突破的前提下，更加灵活地采取业务技术措施，拓宽工业用地的政策空间。提供政策保障，由市、区两级牵头，结合地区产业优势和发展实际，制定和出台差别化投资政策，加强宣传推广。提供用地保障，对用地规模较大的项目，力促一次规划，按项目实施进度，分期供地，对资金雄厚、技术先进的进区企业，因势利导，鼓励增资扩股，尽量不扩大用地规模。提供资金保障，优化对乡镇公建配套设施及基础设施的资金配置，进一步完善基础设施。

（四）淮安市镇域经济高质量发展要激活人才，优化机制

一是选配亟需专业人才服务乡镇。市县组织和人事部门要多为各乡镇（街道）选配会搞农业经营、懂全面销售方法、懂生产运营人才。联合相关重点高校定期举办专题研修班，分年度对市乡镇（街道）主要领导和分管领导进行镇域经济发展的专题研修培训，提升发展镇域经济的领导能力和业务才干。同时组织乡镇（街道）到先进省份的经济强镇对口学习，或通过组织人事部门派员到对方

挂职学习，由此壮大市镇域经济发展的人才队伍。二是做大镇域人才"聚宝盆"。瞄准城镇化指标两口径之间的"巨量缺口"，切实推进户籍制度和相关配套制度改革，改善现有镇域人才的境遇，同时吸引更多外部人才的加入。充分实现人才资源的深度下沉，加快科技特派员队伍的壮大与下沉，推进淮安农业现代化的速度和质量。在镇域农业生产者、农产品加工者和农业服务者中建立相关"技能技术评价制度"，打造淮安"大国农匠"和"农民技师"等。

三是优化考核评优机制。充分发挥考核"指挥棒"和"风向标"作用，创新考核方式，将带动村集体经济发展作为考核村干部的重要指标，强化考核结果应用，激励镇村两级干部更加担当作为。同时强化组织容错纠错机制，对真正想干事、能干事的干部加强引导和保护，使镇村干部在高质量发展的道路上"轻装上阵"。

第二章　产业振兴

第一节　聚焦农民增收瓶颈，加快乡村振兴进程

习近平总书记强调，"农业强国是社会主义现代化强国的根基""建设农业强国，当前要抓好乡村振兴"。2023 年 2 月，中央一号文件正式发布，旨在全面贯彻落实党的二十大精神和中央农村工作会议精神，围绕全面推进乡村振兴、加快建设农业强国，立足当前我国"三农"工作的阶段特征，精准部署全面推进乡村振兴的九项重点工作。该文件提出"建设供给保障强、科技装备强、经营体系强、产业韧性强、竞争能力强的农业强国"，这为未来我国"三农"工作指明了前进方向，为全面推进乡村振兴确定了目标任务，为加快建设农业强国提供了重要遵循。淮安市积极培育壮大村集体经济和农业产业主体，以产业富民促乡村振兴，把"富民增收"和"乡村振兴"落到实处。

一、淮安市农民收入现状

通过对淮安市八个县区农民增收工作的调研发现，农民收入现状主要呈现三个特点：一是"鸡肋小农经济"与"大农业"并存的

尴尬局面。"大农业"尚未成为主流，"小农经济"逐渐成为"鸡肋"，劳务输出量逐年增加，工资性收入成为农民现金增收的主要来源。二是农民收入的不稳定性增加。一方面农作物受自然因素影响较大，农业收入具有较强的偶然性和变动性；另一方面农民外出务工受国内国际经济大环境影响，工资性收入不稳定。三是城乡居民收入增加较快，城乡收入差距持续缩小。淮安市农民收入增加较快，但城乡之间存在着明显的差距，呈现典型的二元化结构，如2022年淮安市城镇常住人口的可支配收入为30335元，而农村常住人口的可支配收入仅为14319元，不足城镇的一半。这些问题及难题阻碍了淮安市乡村振兴的进程，必须加以重视，找寻解决问题的出路。

二、淮安市农民增收困境解析

（一）传统农业亟需结构性改革，农民增收面临严峻挑战

淮安是传统农业大市，长期形成的产量追求型农业生产模式越来越不适应转型升级的消费需求。淮安市目前粮食生产和库存达到了1997年以来的新高峰，粮食价格下行压力巨大，农民农业经营性收入面临严重挑战。调研发现，2022年淮安市小麦平均销售价仅为1.32元/斤，最低价低至1.1元，水稻平均销售价仅为1.5元/斤，最低价低至1.2元。再加上高额的土地流转费，加剧了以粮食生产为主的新型农业经营主体的经营负担，不少农业大户抱怨收入不佳。近两年出现了不少弃耕跑路现象，也直接降低了土地转出农户的收入。因此，要解决农民增收困难这一难题，传统农业亟需结构性改革。

（二）农民收入结构有待优化，农民增收呈下降趋势

近年来，淮安市农民人均纯收入增速呈现出全面回落的态势，构成江苏农民收入主体的经营性收入与工资性收入双双增速下降。在经营性收入方面，由于江苏农业特色化、品牌化、高附加值化发展不足，2022 年淮安市农民经营性收入低于苏南平均水平。在工资性收入和非农经营性收入方面，2022 年淮安市农民工资性收入明显低于苏南平均水平，工资性收入对淮安市农民收入增长的带动作用尚未得到充分发挥。

（三）"减贫"项目效益不高，贫困乡村农民收入亟待提高

一方面，增收项目很难落实落地，"十三五"扶贫开发中，每个经济薄弱村都能获得省、市扶贫专项资金，但因为基础薄弱，产业增收项目很难选定、落实。另一方面，扶贫项目效益不高，存在"设施建好就闲置，项目交付就成摆设"的现象，不少扶贫项目建成后效益低下，无法发挥应有的作用。农民无法通过扶贫项目提升家庭收入，更无法享受到扶贫项目带来的实际效益。

（四）农村公共服务滞后，农业生产成本高。

城乡二元结构在淮安市有着很浓厚的缩影，很多农村基础设施、医疗卫生、科技教育等公共服务严重滞后于经济发展，导致农民增收成本加大。例如，公路、水电等农村基础设施不健全会加大农民对于农产品运输、农业用水、农业用电的资金支出，一定程度上压缩农民增收空间。另外，农业生产所需要的种子、化肥、农机价格不断上涨，虽然国家有相关补贴政策，但作用不大，农业生产成本依然过高。

（五）农民的文化和科技素质不高。

造成目前淮安市农民文化科技素质偏低的原因很多，主要受传统农业低下的生产力水平和粗放分散经营的方式影响。尽管农民素质比过去有了较大提高，但是按照社会进步和发展的速度要求，农民的科学文化素质和观念意识还存在很大差距，远不能适应与时俱进的社会发展要求，农民的整体素质还需要进一步提高。

三、淮安市农民增收路径研究

（一）深化农业供给侧结构性改革，推动农业高质量发展

不断彰显淮安市"4+1"现代农业特色，实现一二三产业融合互补，对于农业提质增效、建设农业强市尤其必要。经过多年的探索发展，淮安市已形成了具有地方特点的优质稻米产、高效园艺、规模畜禽、特色水产和休闲农业"4+1"现代农业产业格局，但农村产业融合创新能力、农产品加工增值能力还不够强。因此，必须构建现代农业产业、生产、经营三大体系，在稳定和保障粮食生产的同时，以新品种新技术新材料新装备为支撑，突出园区化、片区化，加快农业战略性布局和结构调整，转变发展方式，不断扩大绿色生态、高效优质的现代农业份额，注重挖掘农业的多种功能，推进农业一二三产融合发展；坚持内培外引并举，统筹整合相关涉农资金，加大新型职业农民培养力度，大力发展和壮大家庭农场、合作社、龙头企业和社会化服务组织等新型农业经营主体，拉长产业链；积极发展农业商务经济，做好线上线下两大市场平台，放大特色品牌效应，推动"4+1"现代农业产业转型升级。

（二）加大农业科技投入，培育新型农业经营主体

首先，加大政府财政对农业科技的投入力度，建立农业科技投

入稳定增长机制，保证资金投入的数量。实行财政资金运用监督预防机制，保证资金真正用到促进农业科技进步上，提高资金利用质量；其次，鼓励高校，特别是专业性农业大学或学院，加大对农业科研的重视程度，将科研重点放在目前制约农业发展的科技性难题上，加快建立各种农业科研机构、重点实验室等；再次，提高农业科技产业化水平，促进农业科技成果的推广与转化。加强知识产权机构与队伍建设，根据淮安实际设立农业成果转化大平台，政府可以作为农业科技成果购买方，低收费或免费向农民推广。加强科技—企业—农民的联接机制，在开发和推广先进的种植、养殖、加工、储藏和保鲜等技术，为产业结构调整提供技术支持的同时，加大对支柱产业企业的扶持。最后，大力培育农业科技人才，培育新型农业经营主体。一方面，政府做好农业院校毕业生的就业指导工作，为其提供一定的物质、精神激励，鼓励其进入农业科研机构、基层农业技术推广机构工作，发挥聪明才智。另一方面，鼓励高科技下乡进户，培育科技型农业种植能手，扩展新型农业经营主体范围。

（三）不断拓宽农民增收渠道，促进农业就业

首先要进一步促进淮安市的城镇化进程，鼓励农民进入城镇就业，政府通过政策支持保障农民工各种合法权益，建立健全农民工社会保障制度；其次要大力发展农村第三产业，特别是农村物流、农村电商、农村金融等，既能促进农民就业又可以为农业生产和农民生活提供各种服务；最后，走农业产业化之路，完善农村土地流转制度，发展农村经纪人队伍。政府出台政策鼓励规模化种植、养殖，扶持农村经济合作组织，大力促进"农超对接"等新兴农产品商业模式在农村的推广。此外，还要促进农民增收渠道的多元化，

如通过粮食补贴、农机补贴等形式降低农业生产成本，提高农民转移性收入比重，降低增收风险。通过建立农产品价格稳定机制和农民工工资到期支付机制等促进农民家庭经营收入和工资性收入稳定增长。

（四）推进农村扶贫开发，助力农民增收

首先，强化扶贫组织机制建设加大宣传力度，为做好"减贫"营造良好氛围。充分利用各种媒体、互联网、板报等，宣传"减贫"的先进经验，着力营造凝聚人心、鼓舞干劲、奋发作为的浓厚工作氛围。真正激发农民增收的内在动力，促进农民增收。其次不断加大对重点帮扶片区的投入力度。充分发挥农发项目在带动农业增效、农民增收方面的特色和优势，把高标准农田建设和减贫结合，项目安排重点向涟沭结合部、渠北片区、盱眙西南岗片区倾斜，改善贫困地区生产条件，提升农业综合生产能力，为产业扶贫夯实基础。再次发挥农民专业合作社带动作用。通过加强合作互助、提高生产效率、共享市场信息、增强市场话语权、共同抵御农业风险为主要导向，着力培育龙头企业，壮大农民专业合作社，引导贫困户抱团经营，脱贫致富。针对深度贫困地区的贫困农户在生产中遇到的技术、资金、运输、销售等难题，通过发展农民专业合作社作为推动产业转型发展、推进减贫的着力点。最后继续利用好产业化发展项目扶贫优势。把产业化发展项目与大力支持贫困地区发展农业优势特色产业有机结合。扶持建设一批贫困人口参与度高的特色农业基地，立项扶持一批因地制宜实施减贫的富民增收项目。

（五）建立健全农村公共服务体系，降低农业生产成本

农村公共服务是农民增收的物质保障。因此，要提高农村基础设施建设水平，促进资金来源多元化，合理引导民间资本投入到农

村公路、水利建设中来。通过建立农村公共产品投入机制，将农村公共产品投入纳入政府预算，政府要优先发展农村义务教育、农村基本合作医疗、农村社会保障等重点方面。完善公共服务体系，还要进一步加快农村社会保障制度改革，建立健全覆盖全体农民的、保障程度较高的农村社会保障体系。另外，要把降低农业生产成本作为促进农民增收的重要补充。首先，政府根据经济形势与市场变化，适度提高粮食等农产品收购价格；其次，通过"农机下乡"、"种子、化肥下乡"等形式，降低基本农业生产资料的流通成本，为农民提供高质量、低价格的产品；最后，大力发展农业保险，加大财政对农业保险的支持力度，建立大灾保险体系，鼓励商业保险公司开展农业保险公司业务。

（六）转变思想观念，提高农民科技文化素质

转变思想观念。一要树立市场导向意识，让农民面对市场，根据市场的需求安排生产。二要树立质量效益意识，要适应市场对农产品优质化和多样化的需求，提高农产品质量才能提高经济效益。三要树立竞争意识，提高农民的风险意识，既要注意防范、化解市场风险，又要增加抗御市场风险的心理和经济承受能力。四要树立创新意识，注重发展特色农产品，另辟蹊径在激烈的竞争中稳步发展。

提高农民科技文化素质。加大教育投入，为农民提供专业种植技术培训，通过科学种植，合理施肥、规范种植，提升农作物产量。增强农民培训，做到技术培训到户，为农民解决技术上的问题，充分利用广播、电视、杂志、互联网等传媒，最快捷地推广普及农村实用技术。提供多样化的教育培训，使农民有兴趣学习新的农业技术。同时加强市场意识教育和科技知识教育，使农民掌握市场，灵

活使用农业技术。

第二节 绿色食品产业高质量发展路径研究

《中共中央关于制定国民经济和社会发展第十四个五年规划和二三五年远景目标的建议》提出要推进农业绿色发展，支持国家农业绿色发展先行区建设。加强农产品质量和食品安全监管，发展绿色农产品、有机农产品和地理标志农产品，试行食用农产品达标合格证制度，推进国家农产品质量安全县创建。淮安是农业大市，素有"鱼米之乡"的美称，2021年全市农林牧渔业总产值700.3亿元，有着发展绿色食品的良好条件。淮安市第八次党代会提出打造"绿色高地、枢纽新城，全面建设长三角北部现代化重要中心城市"的目标，发展绿色食品产业，打出叫得响的品牌，实现绿色食品高端发展是实现这一目标的重要举措。

"绿色食品"是特指遵循可持续发展原则，按照特定生产方式生产，经专门机构认证，许可使用绿色食品标志的无污染的安全、优质、营养类食品。绿色食品发展是实现农村经济发展战略的有效途径，绿色食品产业发展可以保护生态平衡，达到农业可持续发展，促进绿色资源科学有效循环，推动现代农业向标准化、规范化、科学化方向发展。近年来随着观念的转变，人们对食物的追求已经不仅是美味可口，营养、安全、有机的要求被提到了新高度。无污染的绿色食品进入了大众的视野，绿色食品开发和生产也成为农业生产和食品加工中的新趋势，绿色食品犹如绿色春潮，快速涌进生活。截止2021年8月，淮安市绿色食品企业达102家，获绿色认证的食品品牌258个，呈现出强劲的发展态势。"十四五"期间淮安将绿色食品产业作为重点打造的工业主导产业之一，如何抢抓发展黄金期，开拓具有地方特色的绿色食品产业高端化发展道路，打造一批在全国乃至世界具有竞争力的绿色食品品牌是关键。

一、淮安市发展绿色食品的优势

（一）自然条件优，区位优势明显

淮安市位于淮河下游，地处南北地理分界线，南北气候过渡带，气候湿润。界内四河穿城，五湖镶嵌，受湖泊水体的影响使得地区全年日照时间长，雨量充沛，霜期短，气候温和湿润。市内平原丘陵地貌占比较多，平原面积比例为 69.39%，湖泊面积比例 11.39%，"平原水乡"特征明显。具有明显区域优势，拥有快速发展的战略机遇。2018 年 10 月，淮河生态经济带上升为国家战略，给包括淮安在内的苏北地区的发展带来了前所未有的政策利好。淮安正式被确立为淮河生态经济带区域中心城市之一，也是淮河生态经济带首提首推城市，被定位为长江三角北部地区重要中心城市、交通枢纽和先进制造业基地，是长三角和淮海经济圈两大经济带的交汇节点。随着淮安机场的建成和高铁的贯通，淮安已经形成了公路、铁路、航空、水运辐射四方的黄金动脉，连淮扬镇、徐宿淮盐、宁淮铁路等多条铁路干线在此聚集，一张米字形的高铁网正在编成。淮安将实现 3 小时可达北京，2 小时直抵上海，1 小时联通南京的全新 321 经济圈，交通便捷、物流成本低。得天独厚的自然区位优势和交通条件，自古便有"天下粮仓"的美誉，这些都为淮安市的绿色食品产业发展奠定了重要的基础。2021 年淮安成功入选"世界美食之都"，成为继成都、顺德、澳门、扬州之后，中国第五个跻身"世界美食之都"行列的城市，拥有了世界美食圈的金字招牌，也为绿色食品产业发展带来了良好契机。

（二）农业基础好，绿色食品产业初具规模

目前，淮安市土地总面积为 10030 平方千米。第三次国土调查显示，全市耕地面积 4771.17 平方千米，园地面积 63.95 平方千米，林地面积 529.5 平方千米，草地面积 45.76 平方千米，湿地面积 92.96 平方千米，城镇村及工矿用地 1476.42 平方千米，交通运输用地 276.99 平方千米，水域及水利设施用地 2747.46 平方千米。是农业大市，全国重要的商品粮基地、淡水产品生产基地和全国闻名的绿色农副产品产加销基地。西有"日出斗金"的洪泽湖，东有盛产鱼虾鳖蟹的高邮湖、白马湖，还盛产水产、蔬菜、各类禽畜及优质粮油等农副土特产品。近年来，依托好水、好土、好气候的资源禀赋，淮安着力推进优质稻米、规模畜禽、特色水产等产业发展，先后创成全国首个国家级稻米产业融合发展示范区，盱眙现代农业产业园入选第四批国家现代农业产业园认定名单，产业特色日益凸显。淮安在发展绿色食品产业方面具有得天独厚的原材料优势，淮阴区的淮黑猪、淮安区蒲菜和食用盐、清江浦区的红椒、洪泽区大闸蟹和小螺蛳、金湖县莲藕和芡实、盱眙县的小龙虾和稻虾米以及多品种食用菌都名扬天下。全市优良食味稻面积达 182 万亩、获批"味稻小镇" 11 个。年产绿色蔬菜 420 万吨、食用菌 11 万吨，中药材面积达 5 万亩。年出栏生猪 200 万头、家禽 7000 万羽。以小龙虾、大闸蟹为主的特种绿色水产养殖面积达 49 万亩，占比 85.4%。先后获绿色食品认证 258 个、有机认证 30 个，获批国家地理标志农产品 8 个，建成全国绿色食品标准化生产基地 70 万亩。绿色食品企业认证数量快速增长，2021 年 8 月达 102 家，比 2018 年增长 2 倍。淮安红椒、黄瓜、黑猪等声蜚海内外，春竺芦笋品牌申报国家农业品牌目录，盱眙龙虾品牌价值达 215.51 亿元、获批中国地理标志农产品，"苏嘴西瓜"农产品地理标志申创通过省级感官品质鉴评，向省推荐 2021 年全省品牌名录名单 32 个。"淮味千年"公用品牌授权企业全部获得部级农产品质量全程控（GAP）技术体系认证，授权品类扩大到 12 个、50 家企业，年销售额突破 250 亿元，生态、健康、安全日益成为"淮字头"农产品标志。作为全国闻名的绿色农副产品产销基地和江苏省主要粮油、水产和肉制品生产加工基地，淮安依托农副产品资源优势，借力每年一届的淮安国际食博会，逐步形成了从"田头"到"筷头"的全产业链。

（三）绿色定位明，实现经济可持续发展

近年来淮安坚持贯彻"绿水青山就是金山银山"的发展理念，围绕打造"绿色高地，枢纽新城"，着力推动绿色食品产业发展。通过会展经济彰显江淮生态经济区产业优势，在"双循环、新格局"大背景下，成立淮河生态经济带食品产业链联盟，提高资源整合能力和综合服务水平，促进成员间资源共享和互惠互利，努力成为引领食品产业发展的"排头兵"、食品企业交流合作的"主阵地"，为企业发展培育新优势、增添新动能。淮安市委市政府正聚焦"绿色高地，枢纽新城"的发展定位，紧扣绿色经济、数字经济、枢纽经济，明晰"绿色食品、新一代信息技术、新型装备制造"三大主导产业的发展蓝图，着力培育壮大百亿级企业，加快构建千亿级现代产业体系，实现产业高质量、特色化发展，奋力开创高质量跨越式发展新局面。发展绿色食品产业契合绿色发展、生态优先的发展理念，也是撬动绿色高地发展有力支撑。

（四）腹地市场阔，消费能力迅速提升

淮安位于苏北地区，2021 年户籍总人口 557.97 万人，城镇化率达到 53.66%，全市全年实现地区生产总值 4025.37 亿元，同比增长 4.82.0%，城镇居民人均可支配收入 40318 元，人均消费性支出

20034 元，其中食品烟酒消费支出 6156 元；农民人均纯收入 19730 元，人均消费性支出 11570 元，其中食品消费支出 3829 元。消费品市场运行平稳，全年实现社会消费品零售总额 1675.85 亿元。将淮安居民恩格尔系数与不断增长的居民可支配收入状况结合分析可知，淮安市居民食品支出在全部支出中所占比例较大，居民消费能力快速提升，食品生产市场潜力广。随着生活水平的不断提高，高收入新主流消费群体正在兴起，促进食品消费向"高端化、生鲜化、绿色化、有机化"的"四化"式发展，消费规模和能级不断增长提升。目前，淮安食品产业产值已突破千亿元，农产品地理标志商标数量也位居全国前列。已连续举办四届的食博会成果丰硕，成为众多食品企业进入江苏和长三角广阔消费市场的重要渠道。庞大的消费群体、不断提升的消费层级，将为淮安食品产业发展带来巨大的市场潜力。

二、淮安市绿色食品产业发展存在的问题

（一）总量规模偏小，深加工食品市场占有率不高

淮安市目前年销售收入突破 10 亿元以上的绿色食品企业不多，主要还是今世缘、旺旺食品等一些老牌的企业，新增长的企业数量有限，绿色食品企业对全市的 GDP 贡献率也较低。淮安市大部分认证过的绿色食品生产区域相对集中，地方特色鲜明，且全市配套多不齐全，企业化低，难以适应规模化生产。龙头企业规模普遍偏小，精深加工率不足。

随着科学技术的进步和生活方式的转变，麻花、羊肉泡馍、煎饼等具有鲜明地方特色的食品已实现了符合现代人饮食要求的工业化生产，拉面、酱卤制品、中式快餐等食品也已实现标准化、规模

化的统一配送，再利用现代化的加工手段实现了工业化生产。目前这些产品在市场上已抢占了一定的市场份额，门店也已实现全国性扩张。但是具有悠久饮食文化的淮安，许多绿色食品仍然停留在原材料的销售上，特别是历史悠久的淮扬菜产业的发展还需要精雕细琢。发达国家食品原料加工率普遍在70%左右，有的则高达92%。比如，一些发达国家的蔬菜商品化处理率达90%以上，而我国仅仅只有30%。淮安在绿色食品产业对深加工市场的开拓不足，已逐渐不能适应我国快速发展的城镇化进程对方便、快捷食品的需求，因此发展绿色食品产业，有利于实现特色绿色食品的向外推广，进而抢占市场，扩大知名度。

（二）标准性种（养）殖偏少，绿色食品标准体系建设难

绿色食品标准体系建设是一项复杂的工作，对产品的生产、加工、销售等环节要求十分高，尤其是对原料性的绿色农副产品的种（养）殖环节要求尤为严格。由于受到时间、经验、自然条件等影响，绿色食品标准体系建设还存在一定的问题，许多产品因为没有标准而得不到很好的开发和利用。随着无公害食品、生态食品等概念的兴起，消费者对绿色食品的标准理解出现偏差。同时，淮安的绿色食品要想走出国门，还必须考虑到应对国外绿色壁垒的问题，这就要求我们必须抓紧绿色食品标准体系建设。

（三）产业结构层次偏低，转化增值能力弱

以原料初加工为主的农副食品加工业占淮安市绿色食品工业总量较大，也就导致淮安市的绿色食品产业结构层次整体不高，产品深加工度及综合利用水平偏低，粮食、瓜果、蔬菜、淡水产品加工业中糠麸、胚芽、动物脏器等剔除物、下脚料的综合开发利用项目显著不足，成为了绿色食品产业整体层次提高的掣肘。大多数绿色

食品生产依托农户、小作坊都是以"小生产应对大市场"，再加上流通环节的层层转手，终端销售的行情很难及时反馈，易造成产销脱节，难以形成具有核心优势的竞争力。

（四）品牌知名度不高，龙头企业带动不足

在淮安市规模以上绿色食品企业目录中，叫得响的品牌主要是今世缘酒业、盱眙龙虾、洪泽湖大闸蟹等。其他企业绿色食品产品主要还是米、蔬菜、水果等"老三样"。在水产品加工主打产品中品种单一，龙虾、螃蟹系列产品仍然是主流，常规鱼、贝类等其他加工方面开发不够。各类品牌基本是各自为政，布局分散，没有形成有一定规模的产业联盟，绿色食品品牌影响力、辐射范围小，仅停在本地、本省等有限的地区，品牌产品市场占有率、消费者信任度、溢价率不高，中高端产品供给能力不高，品牌带动产业发展和效益提升作用不强。主体作用发挥还不够充分，生产企业普遍存在重产品认证、轻质量监管和品牌宣传利用，品牌营销推广能力不够强等问题。

三、淮安绿色食品产业高端发展的路径

民以食为天，食品产业既是传统产业，更是朝阳产业，2016年淮安食品产业产值首次突破千亿元。绿色食品是淮安"十四五"期间打造的主导产业之一，要实现绿色食品产业高端发展，必须从培育食品产业集聚地、做大做强名优品牌、立足地方特色资源入手，推动淮安市绿色食品产业的规模化、品牌化、特色化，以有效解决淮安市绿色食品产业链条不长、龙头企业不强、品牌知名度不高等问题。

（一）以延伸绿色食品产业链条为举措，重点培育食品产业集

聚地，推动食品产业规模化

淮安的绿色食品产业要想高端发展，需要在原有产业体系的基础上延伸产业链条。在建立特色粮食、蔬菜、水产、畜牧等绿色食品原料基地的同时在其周围建设产品初加工场所，加强产地初加工设施和装备建设，实现研发、加工、仓储、物流、贸易等一体化发展。以绿色食品加工园区为平台，支持各类加工主体进园入区集聚，促进产业加快集聚，引导资金、技术、人才等要素向产业集群和产业园区集聚。以农业产化龙头企业为主，以产业链为纽带，加强对重点骨干企业的培育和支持，擦亮今世缘酒业、淮盐、淮扬菜、盱眙龙虾等产业名片，深化与双汇、旺旺等存量企业合作，推进产业延链强链补链。打造大运河百里画廊沿线等现代农业产业带，全力巩固盱眙龙虾、洪泽湖大闸蟹等名优产品的领军地位，做响龙虾香米、食用菌等特色品牌，促进农业产业集群发展。打破产业单独发展的"小循环"，构建包含农业、制造业、服务业在内的产业"大循环"，真正实现"从农田到餐桌"的无缝管理，不断完善产业链条，加强产业配套，延伸发展食品研发、食品装备制造、食品配套产业。

（二）加强源头管理，构建绿色食品标准体系，推动食品产业发展的标准化

绿色食品标准体系建设是一项系统工程，必须运用系统思维，从支撑绿色食品产业发展的质量标准、标识标准、监督管理、技术支撑、管理服务等关键支点着手，优化绿色食品技术标准体系、优化绿色食品标志许可制度、加强产品质量监管体系、强化科技支撑体系、健全管理服务体系，全面构建推进绿色食品产业的支撑体系。一是要减量提质。坚持生态优先理念，摒弃门槛低、高密度的种

（养）殖，推广生态养殖，全面推进面积减量化、布局合理化、技术标准化、模式绿色化，通过良种示范、标准引领，引导企业建立标准化生产基地，真正把"绿色标准"贯穿于生产全过程。二是加强产品溯源管理。建成绿色食品质量可追溯平台，二维码追溯产品流通全过程，统一生产体系、流通路径、销售渠道，改变过去"千家万户搞生产、千军万马搞流通"的松散状况。三是健全质量安全控制网络。加强绿色食品质量检测，形成"药残检测""病害预报""环境监测""国检监控"四位一体的网络控制体系，确保流入市场的农特产品合格率达100%。

（三）加强服务平台建设，以食博会为契机，推动绿色食品产业发展高端化

服务平台的建设事关食品产业发展的稳定化和高端化。一是要加强孵化平台建设。加强产品产业园区建设，发挥产业园区的孵化器作用，通过政策扶持、人才配备、市场转化等方式提高绿色食品企业孵化率。利用食品生态产业园，将食品加工、原料生产、科技创新、冷链物流、质量监管、信息管理、招商服务等重大环节集成一体，产生极化与聚化效应，形成食品生产与集散枢纽基地，通过信息网络实现三个层次的统一高效管理。二是加强科技服务平台建设。拥有核心科技是企业或者产业长远立足的根本。绿色食品产业的高端发展需要科技强心定心。一方面，充分利用农业科技园，加强农业科学技术的研发，提高绿色食品的产量和质量，另一方面要加强同淮阴工学院、食品学院等地方高校的合作，在食品科学和食品深加工技术方面寻求进一步突破，努力形成其他地区无法复制的绿色产品。三是加强宣传平台建设。淮安的绿色食品产业要实现高端发展，突破提升产值，除了利用当地的一些宣传载体和地方融媒

体中心等宣传平台外,要充分发挥影响力强、辐射范围广的权威性的国际性平台。在淮安举办的食品类国际博览会——淮安食博会,发挥淮安千亿级、江苏万亿级食品产业优势,立足省内、面向全国、拓展全球,倾力打造国际化、品牌化、数字化展会,目前已成功举办六届,经贸成果丰硕,得到社会各界和会展业内的广泛好评,江苏聚力打造的重点展会和开放平台,已成为淮安拥抱和融入新发展格局的一桅风帆,和聚集打造"绿色高地、枢纽新城"、全面建设长三角北部现代化中心城市雄关漫道中的一抹亮色。淮安市绿色食品产业的高端发展可以充分利用家门口这一国际性、高端化的平台,发挥食博会产业服务功能、营销对接功能、品牌宣传功能、行业交流功能的作用,利用展会期间客商云集的资源优势,开展食品企业经贸交流合作、主题推介和集中签约活动,促进投资合作,充分发挥展会促进供销对接、洽谈合作的重要功能;同时,发挥展会的影响力,向世界展现淮安绿色食品的发展理念和产业规模。

（四）以创名牌为抓手,打造品牌抢占市场,推动绿色食品产业品牌化

着力强化品牌创建,促进产业提质增效。区分"主力品牌""潜力品牌"和"观察品牌",加强品牌产品生命周期(引入、成长、成熟、衰退)的分析研究,使各种资源进一步向主力品牌和潜力品牌倾斜,加快淮安绿色食品制造业大品牌、大市场的形成。一是培育打造农产品区域公用品牌。借助食博会、进博会等推介活动,重点布局,结合县域、特色农产品优势区建设,单点打透,持续扩大"淮味千年"品牌影响力;加强地理标志农产品、全国名特优新农产品培育,结合各县区现有特色绿色食品目录,持续发力,不断创新,升级产品,实现一个特色农产品优势区塑强一个区域公用品牌。

二是培育绿色优质农产品品牌。以绿色、有机食品和农产品为发展重点，依托建成的绿色食品原料标准化基地，实现大宗农产品"大而优"，特色农产品"小而美"。三是培育农产品企业品牌。培育今世缘酒业、旺旺食品等国家级、市级、区县级龙头企业品牌。组织绿色食品企业参加食博会、华商论坛等高端会展，加大绿色食品品牌培育力度，提升市场竞争力，扩大品牌影响力，真正把绿色食品企业品牌树起来，壮起来，强起来。通过品牌带动，培育壮大主导产业，做优做强特色产业，延长产业链，提升价值链，拓展生态链，形成市场品牌影响力。四是政府发挥在区域品牌打造中的主力军作用。在初创阶段，政府牵头对农产品区域品牌的发展进行战略规划。在成长阶段，政府加强对农产品区域品牌的管理力度。在升级阶段，政府对区域品牌进行广泛有力的宣传推广。筹备策划食博会、食品论坛等活动，以更多高端展会活动汇聚资源、唱响淮安食品品牌。

（五）深挖历史文化底蕴，立足当地资源优势，推动绿色食品产业特色化

淮安饮食文化非常耀眼，是淮扬菜的发源地之一，优美的自然环境和悠久的商业文明孕育了灿烂的美食文化。地区食品原材料资源丰富，每个县区都有一定的绿色产业基础，且自身特色明显，但产业相对分散，产业特色没有充分体现，针对这一问题，淮安市应统筹绿色食品产业发展思路，将优质食品资源优势转化为产业发展优势、高端产品优势，淮安市绿色食品产业的发展要坚持特色化发展方向，围绕居民消费升级的新需求，紧盯分支市场领域，扶植特色产业，优化产业结构，构筑错位特色发展优势。既突出区域差异化发展战略，形成特色突出、功能鲜明、互补互惠的空间布局，也要综合考虑资源优势、产业基础以及发展潜力等因素，统筹作战，

形成绿色产业联盟，提升淮安整体绿色产业的影响力，积极打造具有国际影响力的现代食品产业集群。此外，根据淮安市食品产业发展的整体特点，淮安特色食品产业建设主要围绕稻米、小麦、蔬菜、肉类、水产五种上游原材料的精深加工，结合淮扬菜特点，以"中式菜肴及面点工业化制造"贯穿原料生产、产品加工、质量安全保障、物流储运等上中下游诸多环节，形成完整健全的食品产业链生产模式，同时利用科技赋能，形成核心竞争力，打造出其他地区无论是从原材料来源，还是深加工阶段都无法复制的独特优势，形成自身的特色。各县区还可以立足资源禀赋和产业发展实际，全力招引重特大项目，有针对性地跑企业、跑项目，实现招大引强新突破，招引一批食品加工制造业的龙头企业落户淮安，帮助地区特色品牌做大做强。

持续做优做强"淮味千年"授权品牌，统筹保数量、保多样、保质量，聚焦重点、聚集资源、聚合力量，打造知名农业品牌，推进农业全面绿色转型，为全面推进乡村振兴、加快农业农村现代化提供有力支撑。

第三节　特色农产品品牌化路径研究

党的二十大报告提出坚持农业农村优先发展，坚持城乡融合发展，畅通城乡要素流动。加快建设农业强国，扎实推动乡村产业、人才、文化、生态、组织振兴。2018年是实施乡村振兴战略的第一年。在举国推进乡村振兴宏伟蓝图大背景下，一方面，"米袋子"、"菜篮子"供给充盈；另一方面，农业供给侧结构性矛盾日趋显现，人们对美好生活的质量要求提高，绿色有机、优质安全与放心可追溯的农产品已逐步成为人们追求的焦点。品牌正是质量、信用的象征，恰恰符合人们对美好生活需要的基本要件，客观上倒逼农产品品牌发展步入"快车道"。淮安如何抢抓发展黄金期，建设具有地方特色的农产品品牌化发展道路，打造一批在全国乃至世界具有竞争力的农产品是关键。

一、淮安市特色农业发展及农产品品牌创建的现状分析

淮安市素有"苏北鱼米之乡"之称，是传统的农业大市，始终围绕优质稻米、高效园艺、规模畜禽、特色水产和休闲农业等发展现代农业产业。2022 年全市农业"4+1"产业产值占农业总产值79%，获"中国稻米产业融合发展示范市"称号，盱眙县被中国渔业协会认定为"中国生态龙虾第一县"，8 个小镇入选省农业特色小镇。目前淮安具有市场开拓潜力及优势的农产品资源不下十种，如"淮安大米"、"淮安红椒"、"淮安黑猪"、"盱眙龙虾"等，特色农业规模初步形成。

（一）"绿色"产业

淮安盛产大米、红椒、蒲菜、莲藕等"绿色"产品。淮安属黄淮和江淮冲积平原，大部分地区地势平坦，耕地面积 700 多万亩，主要为水稻土类，大部分耕地可连年实现高产稳产，2020 年粮食实现了历史性的"十二连增"。如今淮安每年外调的粮食达 50 亿斤，"淮味稻"已悄然进入全国各地、千家万户。目前"淮安大米"种植已经扩展到 247 万亩，先后获得行业和全国性金奖达 20 多个，品牌价值已达 38.59 亿元。"淮安红椒"亩均纯效益过万元，集中国驰名商标、国家地理标志证明商标、江苏省名牌农产品三大品牌于一身，品牌价值 40 多亿元。但淮安的大米、红椒等主要是以传统的买卖方式为主，产业化水平不高，产业链条较短，产业的科技含

量和附加值低，其比较优势并没有转化为真正的竞争优势，品牌效应仍没有很好地发挥。

（二）特色水产产业

淮安四河穿城、五湖镶嵌其间，河湖众多、水网密布，水域总面积3126平方公里，占市域面积近四分之一，被誉为"漂浮在水面上的城市"，水资源丰富，物产丰饶，金湖的莲子、芡实，洪泽湖的鹅、大闸蟹，盱眙龙虾。退圩还湖后白马湖万顷湖面碧波荡漾，绿水润良田，放心产出来，全市无公害、绿色等有效认证近1000件。盱眙龙虾品牌价值近170亿元，稳居淡水养殖水产榜首位；洪泽湖大闸蟹身背H闯世界，品牌价值也达70多亿元。但从现实情况来看，洪泽湖大闸蟹的品牌知名度比不上阿拉斯加帝王蟹，也比不上阳澄湖的大闸蟹，从价格来说，洪泽湖大闸蟹也差很多。另外，虾蟹对水的质量要求很高，一旦养殖水域发生污染，对"淮味"牌的虾蟹品牌无疑是致命的打击。2022年9月的洪泽湖水域污染事件影响就很大。此外，"贴标蟹"、"贴标虾"的出现，不仅扰乱了市场监管，而且使人们对"淮味"牌的虾蟹品牌产生了怀疑。品牌市场缺乏监管的同时，品牌的衍生价值没有得到很好的体现。

（三）规模畜禽产业

淮安市以畜牧业转型升级为主线，着力推进淮安黑猪开发、养殖龙头培育、饲料产业集聚、肉制品产业群建设等，形成六大产业优势。建成淮阴区、淮安区、涟水县3个国家级生猪调出大县，涟水县肉猪和洪泽湖鹅省级现代畜牧特色产业示范基地。家禽产业形成五大养殖基地，即以盱眙为中心的黄羽肉鸡养殖基地，以淮阴、涟水为中心的草肉鸡养殖基地，以淮安、清江浦为中心的蛋鸡养殖基地，以洪泽为中心的洪泽湖鹅养殖基地，以金湖为中心的蛋肉鸭养殖基地。奶业形成以淮阴、淮安为中心的城郊奶业经济带和盱眙南片奶牛养殖带。2022 年淮安市生猪、肉禽、蛋禽和奶牛规模比重分别达到 87%、98%、90% 和 98%，其中生猪大中型规模养殖比重达 70%。淮安组建的农业部地标农产品"淮安黑猪"产业联盟，形成了以苏淮猪持续选育为核心，链接扩繁、商品猪生产、屠宰加工与市场运作等产业的金字塔式产业结构，黑猪肉每斤售价 80 元，畅销上海、合肥、南京、苏州等地。但相比于神户牛肉这类知名品牌，淮安规模畜禽产业还没有足够响亮的特色品牌。

二、淮安市特色农产品品牌创建的 SWOT 模型分析

淮安市农产品品牌创建的 SWOT 分析模型见图 2-1

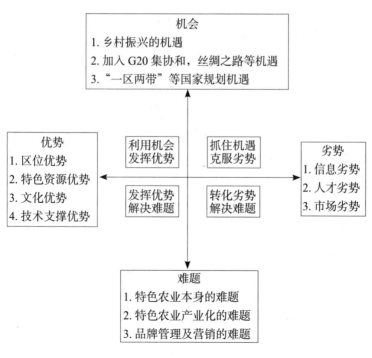

图 2-1 SWOT 模型分析图

（一）外部机会分析

第一，国内机会。淮安地处长三角经济圈和环渤海经济圈交汇区，是江苏省委省政府确定的苏北重要中心城市，荣获国家历史文化名城、国家环境保护模范城市、国家园林城市等称号。8、2021年，淮安成为全球第9座被联合国教科文组织授予的"世界美食之都"的城市，淮扬菜受到世界欢迎。淮扬菜现有菜点超1300种，近300道菜点入选省级非遗名录。围绕淮扬菜，淮安不断创新突破，先后推出金湖河鲜宴、洪泽湖蟹宴、蒲菜宴、西游野菜宴等全席，同时注重味觉丰富变化和艺术呈现，打造"健康、营养、美味、精致、文化"餐饮发展新潮流。围绕淮扬菜所形成的食品产业，也成为淮安市的主导产业。淮安打造优质稻米、小龙虾、规模畜禽、螃蟹、绿色蔬菜五大现代农业产业集群，汇聚苏盐井神、旺旺食品、今世缘酒业等一大批骨干龙头企业，形成了从"田头"到"餐桌"的完整产业链条，是全国重要的商品粮基地和农副产品深加工基地。作为知名的绿色农副产品产销基地，自古以来淮安市就是淮上江南、鱼米之乡，东有高邮湖、白马湖盛产鱼、虾、鳖、蟹，西有烟波浩渺的洪泽湖"日出斗金"。绿色食品产业发展具有独特的原料优势，淮阴区的淮黑猪、淮安区蒲菜和食用盐、清江浦区的红椒、洪泽区的大闸蟹和小螺蛳、金湖县的莲藕和芡实、盱眙县的克氏原螯虾和稻虾米以及多品种食用菌名扬天下。据淮安市政府网的数据，2022年，该市规上食品工业企业共218家，开票销售超537.2亿元，占全市17.9%，户均规模2.91亿元，高于全市73.21%，食品产业营业收入约占全省食品产业的10%。淮安市现有国家级地理标志证明商标127件，餐饮门店逾4万家，从业25万人，年销售210亿元。

第二，国际机遇与挑战。全球经济一体化进程加快，世界各国之间既有合作又有竞争。中国加入APEC亚太经合组织、FAO联合国粮农组织、G20上海合作组织、七十七国集团等，促进了我国农产品的外销。但随着世界政治经济形势的复杂化，目前持续的中美贸易战对中国农产品的影响不容小觑。受中美贸易战不断升级因素的影响，国内期货市场上的各类农产品价格上涨明显。由于中国对从美国进口的大豆、玉米等农作物，计划同等对待加征25%的进口关税，使国内主要的饲料原料的价格快速拉升，同时也影响到玉米、大豆、豆油、菜油等期货价格。

（二）内部优势分析

第一，区位优势。淮安地处苏北腹地，东靠盐城，南连扬州，西接安徽省，北邻连云港、徐州和宿迁。其范围为东经118度12分~119度36分，北纬32度43分~34度06分。淮安是区位优势明显的重要交通枢纽。明清时期就是"南船北马"交汇之地，有"九省通衢、七省咽喉"之誉。现在，公路、铁路、水路四通八达，京沪、宁宿徐、宿淮、淮盐、宁淮等五条高速公路在境内交汇，从江苏新沂到浙江长兴的新长铁路纵贯全境，京杭大运河、苏北灌溉总渠等河道纵横交错，初步形成了一个以高等级公路为主骨架、水陆并举的交通网络，目前淮安以淮河生态经济带航空货运枢纽建设为引领，着力打造东部航空物流集散中心、临空产业集聚示范区、现代航空都市示范区"一中心两示范区"，建成之后更加凸显了淮安在江苏乃至全国的交通枢纽地位。

第二，特色资源优势。淮安地处南北地理分界线，横跨淮河两岸，四季分明，光照充足，雨量充足，风速平稳，湿润、半湿润为主的季风气候，十分适宜动植物生长，5000年前就有了籼稻种植、牛羊圈养、织网捕鱼等农业生产活动，说明自然气候宜耕宜居，是典型的"天然好气候"。淮安独特的资源环境为特色农业的发展提供了资源支撑。

第三，特色文化优势。文化是品牌创建、品牌经营的依托。将文化与品牌结合，挖掘品牌后文化的共振价值，有利于增强农产品的特色。淮安是历史悠久的文化古城，也是一座漂浮在水上的城市，水文化是淮安最大的特点。水是万物之源，也是生命的本源，从字面上理解，淮安就是淮水清清，两岸土地肥沃，是首屈一指的安居乐业之地。淮水安澜，水带来了无尽的繁华，滋润了人们的生活，孕育了灿烂的文化。同时，淮安的文化艺术源远流长，多姿多彩，独具地方特色。将淮安的地方特色和地方风情作为品牌象征进行市场沟通和互动，让世界各地的人们了解淮安的文化，接受淮安文化进而产生价值共振，将会有力地带动淮安特色农产品品牌创建和经营。

第四，技术支撑优势。淮安素有"苏北粮仓"的美称，在特色农业生产方面积累了丰富的经验。目前已经培育出一批质量高、品质好的大米、红椒等"绿色"产品。引进国外先进技术养殖大闸蟹及小龙虾。"绿色"产品的深度开发、加工技术也得到了快速发展，这些技术都为特色农产品品牌的创建提供了技术支撑。

（三）关键难题分析

第一，特色农业本身的难题。受特色农业生产及农产品自身因素的影响，由于农业生产的不可控制的自然因素很多，容易导致农产品产量、质量不稳定，不一致。同时，农产品鲜活、易腐的特征也对农产品的储运及跨域销售提出了高技术要求。此外，受农业生产特殊性的影响，不同批次、不同季节、不同年份生产的农产品在大小、色泽、口味等方面不一，即使同一批次的农产品也很难保证质量一致，导致特色农产品品牌创建具有先天缺陷。

第二，特色农业产业化的难题。淮安虽然是农业大市但并非农业强市。淮安特色农产品产业化存在的问题及其对产品品牌创建的影响主要表现在：一是特色农产品龙头企业规模普遍较小，科技含量不高，对生产基地的带动及对种植农户的带动效应有限，虽初具创建品牌的实力，但是缺乏将品牌做大做强的人力、财力、物力，从而使得特色农产品品牌创建及传播速度缓慢。二是资金投入难以保障。从企业方面来说，农产品是一种高质量的产品，产前需要大量资金进行基础设施建设、品种培育、科研投入等等，产后需要营销和广告的投入。但是由于农产品品牌创建的周期长，有较大的市场风险和自然风险，银行对特色农业生产化经营企业存在惜贷心理，致使特色农业产业化经营贷款难，在一定程度上也影响了农产品品牌创建。从政府来说，虽不惜从财政拨款，成立专项资金，帮助本地的特色农产品推广品牌，但是同样面临品牌创建周期及市场风险的问题。

第三，品牌意识不强，品牌管理不力。特色农产品品牌是无形资产，属于知识产权保护范畴。目前从实地调研来看，淮安特色农业产权制度建设滞后，品牌保护意识淡薄。虽然当地政府联合企业通过展销会、建立区域公共品牌、设计品牌形象等方式推广淮安特色农产品，但是品牌推广缓慢，收到的回馈效应也很缓慢。此外，市场存在着"搭便车"的行为。"淮味千年"区域品牌成功申报，政府无偿将"淮味千年"品牌提供给数十家具有技术及资历的企业使用，搭不上政府这辆快车的小企业、小作坊选择了搭便车的方式，采用虚假商标，滥竽充数，严重影响了"淮味千年"特色农产品品牌的形象，也影响了"淮味千年"特色农产品品牌传播及推广。

（四）劣势分析

第一，信息劣势。受经济落后、基础设施差等因素影响，淮安的信息化水平明显低于一线城市，甚至连江苏无锡和常州都赶不上。特色农产品品牌的创建在很大程度上取决于信息化水平，信息劣势是淮安特色农产品品牌创建的主要障碍之一。

第二，人才劣势。受淮安经济、社会发展水平的制约，科技人才、管理人才及精英人才的缺乏是淮安发展特色农业生产面临的大问题，尤其是后两种人才的缺乏更是农业结构调整、农业增效的主要问题。总的来说，淮安进行特色农产品品牌创建最缺的是管理人才和精英人才。

第三，市场劣势。淮安是江苏的偏隅一角，经济发展水平在江苏省比较靠后，同时市场体系尚不健全，市场观念落后，品牌意识不强，对全国及国际市场的开拓起步虽然较早但是进程比较缓慢。另外，淮安当地市场容量有限，商品率低，导致淮安特色农产品品牌的创建跟不上全国大众化步伐。

三、淮安市特色农产品品牌化的战略措施

（一）特色农产品品牌创建与保护机制

第一，科技实力提升品牌价值。美国作为科技强国，其科技对特色农业品牌的创建及发展不容小觑。因此，淮安要将特色农产品品牌做大做强最根本的是依靠科技。一方面，发展农业科技生产信息的网络支持技术，即加强特色农产品耕作的科技含量，减少人为因素导致的品类不一致现象。另一方面实施网上农资销售系统，方便消费者自助购物，为淮安特色农产品品牌的发展提供便利。

第二，高广告投入的营销策略。美国、日本是世界上广告投入

比较多的国家，广告可谓是其农产品品牌发展的关键。大部分企业在将产品推向市场之前都要投入高额的广告费用。比如，华盛顿苹果刚刚进入中国市场，企业就举办了以华盛顿果园的美丽风景为主题的少儿绘画大赛，以此来推广。目前，淮安投入重金打造特色农产品品牌，"淮味千年"区域公用品牌2018年3月在北京亮相。目前淮安特色农产品品牌推介的形式大多为参加展销会、推介会，与中央及省级电视台、杂志社等合作宣传，也应考虑找准特色农产品宣传主题这一着力点，举办类似美国华盛顿苹果绘画大赛的形式，让民众多参与，之后再沿着这一主题后续发力，使品牌的文化价值得到认可，进而产生文化价值共振，产生品牌宣传的"蝴蝶效应"。

第三，专业化经营品牌发展。美国新奇士橙品牌的发展有赖于新奇士橙协会的运作，其组织模式与营销模式帮助了该品牌的创建与发展。淮安特色农产品专业化经营品牌可以从组织模式和营销模式两方面考虑。一是组织模式。采用现代企业的运作模式，由当地农户自愿加入协会并成立包装厂，由包装厂建成区域交易所、包装厂与当地农户签订合同，负责收购、加工，区域交易所负责接收订单并销售，并保证订单公平分配。二是营销模式。将质量和服务放在首位，完善数字化、信息化的产销管理系统，提高工作效率，同时抓住国际机遇，积极寻求国家间合作，使品牌多样化，拓展国内外市场。

第四，特色农产品品牌保护。积极做好淮安特色农产品品牌申报及注册工作，协调各方面主体，加强市场监管及品牌保护，坚持打假，杜绝李逵冒充李鬼的现象。同时，深入开展农产品质量安全"七大"专项整治，健全质量安全"失信"企业黑名单制度，始终保持对农产品质量安全违法违规行为的高压严打态势，从源头上保障品牌农产品"舌尖上的安全"，扎实提升"淮字头"农产品品质可靠、安全放心的良好品牌形象。

（二）品牌专业化人才引进与培养机制

第一，强化品牌专业化人才引进机制。一是以政府组团外出招聘的形式，带领本市特色农产品龙头企业赴清华、哈工大等国内知名院校开展专场宣讲招聘会，广泛宣传我市经济社会发展情况和人才引进政策，吸引优秀毕业生到我市就业创业。二是鼓励、支持各农特产品重点企业通过柔性引进的方式引进人才，对柔性引进人才单位按照其实际支付劳动报酬的一定比例给予奖补资助。三是充分发挥市政府驻外机构窗口作用，在市政府驻北京、上海、广东建立域外高层次人才工作站，进一步加强我市与京津冀、长三角、珠三角等发达地区高层次人才的引进、合作和交流。

第二，培育专业化人才内生增长机制。一方面普及义务教务，提升劳动者的素质。在普及九年义务教育的基础上试点普及十二年的义务教育，提升未来农业劳动者科技文化水平。另一方面，开展职业教务和科普教育，加大科技普及的力度及受教人群，开展各类专门的农业科技技能示范及科技教育，切实提高特色农业生产的技术水平。此外，在特色农产品重点孵化企业，鼓励自主创新，鼓励科技创新，给予这类人才资金和政策上的支持和奖励。

（三）推动农业规模化及标准化机制

第一，培育和扶持特色农产品龙头企业建设。龙头企业是农产品品牌创建的主体。目前淮安已将特色农产品企业这块蛋糕逐步做大，现在的关键是将特色农产品企业做强的问题，加大对特色农产品生产和加工的龙头企业的扶持力度，发力培植"淮味千年"领头羊，围绕"四大品类"、年销售额超 5000 万元，分批扶持汉耕、国富这样的企业，率先培植出一批"淮味千年"区域公用品牌"领头

羊"、"生力军"，有力支撑区域公用品牌扩大知名度、知晓率，形成"三牌同创"良好互动发展格局

第二，加强基地建设。按照"依托主导产业建基地，围绕龙头企业建基地，突出区域特色建基地"的思路进行基地建设，充分利用淮安目前面临的内部机会及国际机遇，利用政府的政策及资金支持，加大特色农业基础设施建设，保证特色农业持续、快速、健康发展。

第三，推动特色农业规模化及标准化管理。按照统一、优质、高标的要求，制定和实施标准，如特色农产品加工标准、检测技术标准、包装规格标准及品质等级标准。通过规模化及标准化的实施，使特色农产品的商品化过程在标准的监控下，减少因为特色农业本身受自然因素等影响产生的品质等不一致的影响，以优质的品质和可观的价格适应市场竞争。

（四）政府资金引导与实效管理机制

9、从 2016 年起，淮安市委、市政府每年拿出财政资金 5000 万元，引导"4+1"特色主导产业发展，优质稻米、高效园艺、规模畜禽、特色水产和休闲农业质态连年优化提升，不断做大做强。2023 年 12 月 4 日，淮安市加快建设中央财政支持普惠金融发展示范区推进会暨"淮安乡村振兴贷"产品协议签约活动举行。会上，首单"淮安乡村振兴贷"200 万元发放，成为该市普惠金融发展增量、扩面、降本、增效的缩影。但就淮安特色农产品品牌创建及发展而言，应对政府专项资金进行引导和严格管控。

第一，成立特色农产品品牌资金管理小组。作为投资的主管部门，要认真梳理投资管理的权限，进一步强化程序和责任制度，切实加强行政监督。加快建立政府投资责任追究制度，明确项目立项、勘察设计、咨询评估等环节，明确责任追究程序及主体。确保资金

使用到位。

第二，严格资金管理，提升资金使用的绩效。严格招投标、担保等市场化程序，发挥中介组织及专业人士的作用，不断提高项目决策、资金使用的透明度，有效遏制资金使用方面的腐败行为发生。同时，资金使用结束后一段时间内，资金专项小组要对资金的使用实效进行评估，从而合理调整及规划下一阶段资金的使用。

第三，构建科学、健全、有效的资金监督体系。明确监督任务、监督职责，完善监督机制，提高监督效率与水平，加强管理与监督的协调。另外，定期对特色产品品牌创建的专项资金进行审计，定期公布资金使用方向及数额，逐步建立有效的协同监管机制。强化农产品行业协会的管理职责，形成监督合力。

第四节　数字经济背景下农村电子商务高质量发展路径研究

"数字＋"是网络技术优势与产业优势相结合的创新"加法"，"数字＋农村电子商务"将推动形成新型的农村经济发展业态，可有效发挥出互联网在农业生产要素配置中的积极作用，将互联网的创新成果全面融入到农村经济与社会发展的进程中。进一步增强农村经济融入现代经济体系建设的能力，并形成以互联网为牵引的经济发展新形态。党的二十大报告指出："全面推进乡村振兴，坚持农业农村优先发展，巩固拓展脱贫攻坚成果，加快建设农业强国"。当前需充分挖掘农村经济发展对电子商务的现实需求，推动农村电子商务产业升级改造，用"数字＋农村电子商务"模式打开新时代背景下农村经济发展的新局面。

一、发展"数字＋农村电子商务"的必然性

农产品的充分营销对电子商务形成现实需求。近几年多地农产品滞销最终无奈倾倒填埋的现象屡见报端，被弃卖的农产品多数为时令性很强的新鲜瓜果，此类报道一出便引发了网络热议，也使农村电子商务的发展现况备受关注。由于在基础设施建设方面存在滞后性，淮安的农村经济与互联网产业发展对接的时间较晚，广阔的农产品市场与农户之间缺少渠道关联，导致农产品营销信息闭塞，缺少"线上订单"，农产品营销的延展半径受限。在此背景下，农产品营销对电子商务形成了新的期待，通过发展"数字＋电子商务"可在一定程度上疏通城市农村、线上线下的信息渠道，同时，"品牌建设和选择合适的平台类型可以增强农产品竞争能力"，有效缓解农产品营销信息不畅的矛盾，整合农户的主体力量，形成规模化、品牌化的营销新模式，进一步实现农产品的充分营销。

农村劳动力充分就业需依靠农村电商产业发展。多年来，淮安市农村剩余劳动力不断流入城市，越来越多的"空心村"阻碍了农村经济的发展，而推进乡村振兴、发展农村经济必须要破解人才短缺的问题。只有不断扩大农村就业市场、提供更多就业机会，才能使农村留住人才、储备劳动力，加快外出务工劳动力向农村回流。因此，农村劳动力不离乡土而实现充分就业的诉求呼唤"数字＋农村电子商务"。农村电子商务将开辟更多的就业渠道，创造更多的就业机会，丰富农民的职业角色，促进农民增收，使农村劳动力"致富不离家"。

提升农村生活质量需要电子商务的服务供给。随着农村生活水平不断提升，农村家庭的物质需要增多，然而农村地区基础设施相对滞后，商品选择比较有限，大规模的购物场所较少，且流通的商品缺少严格的质量保证。发展农村电子商务将促使农村消费市场实

现对电子商务的反哺，弥补农村消费市场物资及服务供给不充分的短板，为农民提供更多的购物选择权。有利于增强农民群体的网络应用技能和媒介素养，进一步熟悉"数字＋电子商务"的运行模式，为农民更加顺利地融入互联网、应用互联网创造锻炼的机会和条件。

二、"数字＋"视阈下农村电子商务发展的掣肘问题

目前，江苏省在电子商务方面已经率先取得成绩的农村地区主要集中在苏南地区，而其他地区包括淮安市的农村电子商务发展还存在诸多掣肘问题，包括理念滞后、基础设施薄弱、人才短缺以及物流不畅等等，导致"数字＋"的决策优势难以覆盖落后区域，制约了农村电子商务的发展。

（一）对电子商务存在保守心理

"数字＋农村电子商务"对许多农村地区的居民而言较难理解，主要是因为针对农民群体和创业商户的宏观经济趋势宣讲不到位，对互联网与电子商务的知识教育不重视，导致农民群体缺少创新发展理念，对发展"数字＋电子商务"持观望和消极态度。一是农民对新兴营销和支付方式缺少信任，使农产品营销、乡村旅游发展错失许多商机。二是缺乏主动学习提高本领的自觉性，相较于青年一代的农村创业群体而言，老一代的农民和创业者对学习互联网应用技能缺少主动性，经验主义者较多，导致农村电子商务平台建设的群众参与度不够，难以形成规模效应。此外，地方管理部门在发展电子商务方面缺少远见和理性规划，对"五大发展理念"的实践转化不够，造成农村电子商务发展滞后。

（二）基础设施建设薄弱缺乏成熟的电商平台

相较于城市而言，广大农村地区地域广袤，地理条件差异性较

大，导致各区域的基础设施建设水平不均衡。目前来看，淮安市很
多村庄的农村网络基础设施建设相对薄弱，缺少覆盖范围广泛的通
讯基站，光纤和通讯网络入户率不够理想，互联网进村屯的"最后
一公里"尚未完全打通。网络基础设施不健全导致农村电商平台及
规模化产业园建设无法启动，分散的农村个体商户不能组织和团结
起来。同时，基础设施匮乏也导致投资者和网络买家对落后区域的
商机和原生态产品望而兴叹，基础设施建设不到位所造成的硬件障
碍已经成为农村经济发展要跨越的一道鸿沟。

（三）缺少具有核心竞争力的农村电子商务品牌

淮安市很多农村地区的生产经营模式仍然比较粗放，缺少成熟
的生产管理体系，各家各户出售的农产品质量不一，种类虽多但平
均产量较少。小规模的零散生产使农村电子商务的品牌化程度不足，
不能通过电商平台实现广泛宣传和批量销售，较难争取到长期、稳
定的合作伙伴。同时，农产品的供求关系存在一定的不确定性，农
产品生产受到气候和市场因素的深刻影响，农产品的本地消化能力
比较薄弱，部分农产品的保质期较短，不适合长途运输，使产品本
身的市场影响力无法打开，导致品牌塑造进程缓慢。除农产品销售
外，农村生态旅游服务的内容也比较单一，缺少具有地域特色的乡
村游品牌，无法借助互联网实现广泛宣传。农民的品牌意识不足，
经济管理知识十分欠缺，与互联网的高效对接存在困难，不利于在
电子商务的竞争环境中抢占先机。

（四）物流不畅制约农村电子商务的快速发展

相对于城市的高密度物流网而言，农村地区的物流通达性较差。
主要原因在于农村地域辽阔，村镇分布不居中，且交通运输条件有
限，物流企业因巨大的人力及运输成本，不看好农村配送市场，导

致农村物流发展缓慢，而强大的物流是电子商务的重要支撑，没有自有物流和第三方物流企业的高效配送，电子商务将难以运行。受物流服务半径的制约，很大一部分农村不在收货范围之内，物流网络无法延伸到村一级单位，且物流园建设往往紧邻交通便捷的城市边缘地带，建设农村快递网点存在困难，农村商户要想发展电子商务必然要付出高昂的物流成本。此外，由于物流服务不到位，那些对运输时效性要求较高的产品只能放弃电子商务渠道。可见，物流不畅是限制农村电子商务快速发展的主要瓶颈，发展农村电子商务面临着物流配送不到位、冷链仓储能力不足、物流仓储与产地距离远等现实障碍。

（五）人才短缺及粘性不足使农村电子商务运转困难

发展农村电子商务需要依靠网络技术、市场营销、物流管理以及企业宣传等多种人才，而目前农村地区尚缺少吸引和留住这部分人才的有利条件。一是"招不到人"，城市人才向农村流动缓慢，而农村本土的精英群体却迅速向城市流动，外出求学的农村大学生在毕业后返乡就业创业的情况不多。相较于城市而言，农村就业机会偏少，教育、医疗等公共保障及服务水平有限，生活娱乐和休闲项目单一，很难招聘到专业能力过硬的青年人才。二是"留不住人"，农村的人才"粘性"不足，本地人才不断流失，而外来人才缺少就业稳定性，部分青年人才的基层实践比较短暂，缺少长期留在农村工作的意愿，农村电子商务发展缺少具有良好创新能力和专业素养的人才队伍。

三、抓住"数字＋"机遇推进农村电子商务高质量发展

发展数字乡村建设是党的二十大报告提出的"全面推进乡村振

兴"主张的有力落实，也是建设现代化经济体系与推进乡村振兴的关键步骤。为此，要创新发展理念，加强发展规划，从基础设施建设、品牌塑造、物流业发展以及人才培养等方面着力，抓住"数字+"的时代机遇，揭开农村电子商务的新篇章。

（一）以创新发展理念为引领增强电商意识

意识是行动的先导，在新时代中推进"数字+农村电子商务"发展，要以创新发展理念为引领，激活农民创业者及基层政府的电商意识。一是在广泛的农村地区加强对《数字乡村发展战略纲要》相关内容的宣传介绍，结合电子商务发展的基本特点和本地经济发展的需要，通过政策解读、趋势分析、技术讲授及结果预测，以真实的数据和成熟案例消除顾虑和质疑，增强农村群众的心理认同。二是要创新基层政府的发展观，提升思想站位，开阔发展视野，树立区域协同发展理念，促进三大产业的融合发展。依靠电子商务高效链接养殖业、旅游业、制造业及相关服务业，促进贸易洽谈、农产品加工、市场营销的一体化，从而建立多产业融合发展的农村电子商务新模式。

（二）完善基础设施建设打造农村电商平台

据有关数据显示截至 2022 年 12 月，淮安市农村网民占比为27.0%，农村地区互联网普及率为 35.4%。农村网民规模的不断扩大使农村电子商务发展开局良好，因此要立足现有成果，以推进农村电子商务的均衡发展为目标，积极借鉴国内外先进农村的电子商务发展的成功案例，率先完善基础设施建设，扩大交通和电讯设施覆盖范围，建立适应于农业、农村和农民特点的电子商务平台。要高效整合银行、基金及创投资源，以完善的金融理财服务，缓解农村电子商务发展的资金压力。要为农民电子商务创业者提供必要的产品研发、品牌设计、质量检测、宣传推广等技术指导服务，升级市场信息互动平台。筹建功能完善的农村电子商务产业园，突出体现区域特色，使农户不再是靠惯性盲目生产、与市场隔离的弱势生产者，从而吸引农村分散的电商主体向园区聚集，推进农村电子商务的规模化发展。

（三）塑造农村电商品牌增强市场竞争力

淮安市各县区的特色农产品种类繁多，其中部分生态农业品牌已在国内外市场打开了知名度，如盱眙龙虾、洪泽湖大杂蟹、蒋坝大米等，在知识产权保护方面拥有成熟的经验。但是对于很多农村而言，由于生产规模化不足、产品质量良莠不齐、定位不准确等多种因素的影响，培育具有市场影响力的特色品牌并不容易。因此，一是要坚持优质生产，严把农村电子商务产品的质量关。增强品牌意识，爱惜特色产品的名誉，建立农村电子商务的网络监督举报平台，保证农产品及相关服务安全健康、优质优价。二是要注重塑造品牌、宣传品牌。培育具有核心竞争力的优势产品，塑造具有乡村特色的品牌文化。借助"数字+"时代的新媒体信息传播优势，整合微博、微信及正规直播平台等媒介资源，广泛开展网络新媒体宣传推介，使淮安市农村区域特色品牌文化为更多人知晓，提升农村电子商务品牌的市场知名度和美誉度。

（四）建立畅达的物流网促进农村电商的全面提速

农村电子商务的贸易往来要依靠健全的物流配送体系，因此，建立畅达的物流网络，打通农村物流的"最后一公里"十分关键。一是要结合区位特点对乡村道路进行科学规划设计，提高乡村公路的运输能力，建设集散能力强大的农村电子商务物流园。加快建设农村物流信息网络，优化仓储服务，建立现代化的农村电子商务配套物流运送体系。二是要加强物流企业与第三方快递企业的合作，科学设计农村快递网点，提高快递网点密度。积极发展智能投递业务，打通农副产品的流通渠道，增强农村电子商务承接网络订单的能力。加快第三方物流平台建设，完善对快递企业的法治化管理。启动农村电子商务的物流配送市场竞争机制，避免快递企业的不当低价竞争，避免因低价而造成配送延迟，规避时令农产品受损的风险。三是要鼓励区域性、行业性物流信息平台建设，使第三方物流的信息优势、效率优势得到整合，加快互联网、物流业与农村电商平台的对接。畅通农产品供应链的上下游沟通，从而依靠完善的物流网络促进农村电子商务的全面提速。

（五）培育优质人力资源增强农村电商的人才粘性

党的二十大报告指出："全面建设社会主义现代化国家，最艰巨最繁重的任务仍然在农村，要全面推进乡村振兴。"党的十九大报告重点强调："培养造就一支懂农业、爱农村、爱农民的'三农'工作队伍。"这启示农村电子商务发展的人才培育必须要立足三个基本点，即了解农村特点，热爱农村事业，心怀对农民的深沉情感。只有立足这三个基本点，才能够培育和吸纳"留得住"的人才，壮大农村电子商务发展的人才队伍。一是诚邀专家长期开展业务培训，包括互联网应用技能教育、市场营销专业知识教育以及电子商务的法律法规教育等，提高现有人才的电子商务专业化水平。二是积极引进电商孵化企业，借助优秀企业的平台优势实现人才共享。通过与企业的深度合作，积极学习经验和专业知识，提升本土人才的电商组织经营能力，建立农民创业人才团队。三是要与驻淮高校达成合作意向，建立高校农村电子商务基层实践学习基地。一方面为农村电子商务培育和储备青年人才，另一方面可以在较快时间内弥补农村电商人才不足的缺陷。需结合农村电子商务发展的现实需求，进一步确定用人标准、技能水平、实习期限及福利待遇等，为毕业生创造更多学习锻炼的就业机会，增强农村电子商务人才队伍的活力。四是培育本土人才，用广阔的发展空间吸引大学生返乡创业，建立农村电商教育服务中心，长期开展电子商务的成人职业教育，使自愿投身电子商务发展的农民群体得到更多系统学习的机会。此外，要坚持"聚天下英才而用之"的原则，珍惜爱护拔尖人才，优化激励机制，提升农村电子商务发展的人才粘性，以避免人才流失。

总之，"数字＋电子商务"是全面推进乡村振兴实现共同富裕的必由之路，是新时代全面推进乡村振兴战略的现实选择。电子商务是联系生产端与市场端的高效媒介，也是发展新型农村经济、实现农民增收的重要手段。需坚持以问题为导向，抓住"数字＋"的时代机遇，以创新发展理念为引领，加快农村电商平台及基础设施建设，结合地方特色打造具有核心竞争力的电商品牌。进一步完善物流网络，培育农村电商人力资源，从而使电子商务开进新时代农村经济创新发展的广阔蓝海。

第五节　以新发展理念打造"农家乐"升级版

一段时间以来，谈到农村有什么好玩的地方，大多数人都会脱口而出，"农家乐"。诚然，乡村旅游的首选之处就是"农家乐"。然而调查表明，不少"农家乐"经营并不景气，对游客的吸引力与新鲜感大不如从前，甚至有的"农家乐"举步维艰、捉襟见肘，濒临关门、倒闭的地步。

对此，一番"望闻问切"过后，各地"农家乐"大同小异。"农家乐"的主打项目与主要产品仍然离不开一个"吃"字，"农家乐"

形似村舍、实质为设在乡村的高档宾馆，"农家乐"兀自独善其身、与周边环境格格不入，乃至以损害、破坏周边自然环境与生态系统为代价等等的性格特征，成为今日"农家乐"让人乐不起来的主要临床表现。"凡益之道，与时偕行。"因此，要想让"农家乐"可持续发展，始终充满生机活力，只能是刮骨疗毒、自我革命，凤凰涅槃、浴火重生，着力打造升级版，以期重新赢得消费者的偏好与青睐。

实事求是地讲，"农家乐"的出现适逢其时，打造升级版也是大势所趋。一方面，旅游业已经成为国民经济的重点行业、支柱产业，全民旅游、全域旅游时代已经到来，包括"农家乐"在内的乡村游应顺应消费者对于更高质量、更加充实、更有保障、更为安全的旅游消费需求，着力于供给侧进行结构性改革。另一方面，随着乡村振兴成为新时代统筹解决农业农村农民问题的总抓手与新旗帜，"农家乐"既是农村"产业兴旺"的突破口，也是打赢减贫、精准脱贫攻坚战，带领贫困村民弯道超车、后发至上的有力牵引；既是非贫困村民提高生活品质、日子更加富裕的重要物质基础支撑，也是引导广袤乡村实现"生态宜居"，让乡村成为幸福美好生活家园的样板工程。

"物之所在，道则在焉。"由此，"外在倒逼"与"内在需求"的双重作用都一致要求"农家乐"不能"涛声依旧""今天重复昨天的故事"，而必须立足中央关于中国特色社会主义进入新时代，我国经济发展也进入新时代的重大判断，矢志走高质量发展之路。

具体说来，打造"农家乐"升级版，让"农家乐"高质量发展，就是要深入学习领会习近平新时代中国特色社会主义经济思想，将新发展理念贯穿于"农家乐"供给侧结构性改革的全过程与各方面，让创新成为"农家乐"亮点纷呈、活力四射的源动力；让协调成为"农家乐"流连忘返、乐不思蜀的制胜秘诀；让绿色成为"农家乐"

看得见山、望得见水、记得住乡愁的压舱石；让开放成为"农家乐"匠心独运、别具一格的有力引擎；让共享成为"农家乐"各美其美、美人之美、美美与共的幸福乐园。

创新是引领发展的第一动力，也是"农家乐"推陈出新、革故鼎新，永葆吸引力与新鲜感的内在驱动力。首先是理念创新。要坚决摒弃"农家乐"就是吃农家饭的粗陋思维，真正以娱乐休闲、放松身心，开阔视野、增长见识，回归自然、放飞心灵的视角，对"农家乐"进行全方位改造、全时段管理、全周期优化。其次是设施创新。要始终铭记"农家乐"姓"农"的本质属性，千方百计做到所有设施来自农村，取材于农村，地地道道属于农村。唯有"农家乐"的整体风貌、一应物件皆"农"字当头，坚持彻头彻尾的原生态，才能让广大消费者情有独钟。最后是经营项目创新。既要因地制宜、力所能地及提供服务项目，又要因人而异、尽力而为地创新服务项目。重点在于要做好前期的市场研断、事中的消费者市场定位与消费者人群细分、事后的消费者信息反馈，在此基础上积极改进、提升与完善。

协调是平衡充分发展的内生特点，也是"农家乐"深植乡村，能够可持续发展的必然要求。譬如，以往一些"农家乐"在建筑设施上显得"白里透红，与众不同"，尤其与周边环境相较，不是"鹤立鸡群"，曲高和寡，就是"贪大求洋"，不伦不类。对此应痛定思痛、入乡随俗，不仅让"农家乐"表面上看起来与普通农宅区别不大，而且尽可能与周边农舍浑然一体。又如，在"农家乐"内里的装饰布置方面，一些"农家乐"剑走偏锋，不是一律西化，金碧辉煌，就是大行复古之风，让人俨然进入到蛮荒时代。哲人有言，大道至简，简单即美。因此要强调"农家乐"的协调之风，不矫情造作，不刻意雕琢，应时刻认识到"农家乐"的土壤在农村，依托是农家，旨趣是众人发自肺腑的油然而乐。强调"农家乐"协调发展还要抓重点、补短板、强弱项、填洼地，力求让消费者大饱眼福、大饱口福、大呼过瘾，达至"五岳归来不看山，黄山归来不看岳"的意境。

绿色彰显人民群众对于美好生活的向往，也是"农家乐"实现人与自然和谐相处的初心使命。恰如习近平同志生态文明思想昭告，绿水青山就是金山银山。事实上，"农家乐"的立意于此，也须将此理念贯穿于生存、发展、壮大的全过程与各环节。首先，在"农家乐"的吃住行方面，必须自始至终突显一个"绿"字。以吃为例，以往一些"农家乐"大肆标榜"尝农家菜、饮农家酒，吃农家饭、喝农家汤"。然而到了之后才发现，即便信誓旦旦的农家菜，也不过径直赴就近的菜市场采购而来，由此导致一再打出的绿色有机无污染旗号，实在不过商家招徕客人的"噱头"。其次，"农家乐"的日常生产经营务必坚持"生态优先、绿色发展"。习近平同志强调，保护生态环境就是保护生产力，改善生态环境就是发展生产力。这为"农家乐"如何扎根乡村做出了明示、指引了方向，要求"农家乐"将经济效益、生态效益、社会效益等量齐观、并驾齐驱，在建设资源节约型、环境友好型社会方面走在前列，做出表率。尤其像废气、污水排放，固体垃圾物处置等微观环节，要求"农家乐"勿以恶小而为之，将"共抓大保护，不搞大开发""宁要绿水青山，不要金山银山"的教导内化于心，外化于行，通过自身的努力践行，为乡村振兴实现"生态宜居"给出示范、做出榜样。

开放是繁荣发展的必由之路，也是"农家乐"兴旺发达、呈现勃勃生机的明智选择。一方面应该看到，今天全国各地都有"农家乐"，且经营模式、管理理念、市场优势、主打服务品牌、重点培育的产品和项目也有所不同，完全可以相互借鉴、取长补短，作为经营者必须秉持开放的眼光、思维、胸怀，既理性看待区域内的同行业竞争者，也善于第一时间沟通交流，做到信息资源互联互通，实现产品与服务的优势互补、融合共生。另一方面，"农家乐"依托当地农村资源、乡村风貌与自然景观而生存，也决定了其不可能独处一隅，必须与当地村民携手共进、协同发展。譬如，通过"农家乐"+专业合作社、"农家乐"+基地、"农家乐"+农户等多种形式，既可以事半功倍，方便获取日常生产经营所需的农产品等原材料，也能够带动当地村民同期脱贫致富，促进村集体经济组织经济实力增强。又如，适时将"农家乐"的场地设施向当地村民群众开放，供其日常生产生活所需，不仅能进一步丰富村民群众的物质文化生活，也有利于提升村民群众对于"农家乐"进驻乡村的认同感和维护度，等等。"农家乐"坚持开放理念，谋长远经营，就能于供给侧尽可能提供更加多元多样、个性新颖的产品与服务，从而赢得市场，赢得消费者，赢得当地村民。

共享是发展的终极目标价值追求，也是"农家乐"既实现生意通达、财源广进，又造福乡村、泽被村民，由"一家乐"而至"乐万家"的根本发展路径与科学发展方向。发展为了人民，发展依靠人民，发展成果由人民共享，是坚持以人民为中心的发展思想的生动诠释。就"农家乐"而言，一花独放不是春，百花齐放春满园，只有通过自身努力在实现自身财富增长的同时，也同步带动当地村民发家致富，才能彰显社会存在价值与高质量发展的人文意义。首先，"农家乐"应在依法自愿有偿的前提下，适时将当地村民的房舍、土地、设施等物质生产资料流转过来，持续做大做强。其次，"农家乐"通过与当地村民建立紧密的利益联结机制，既可有效节省经营投入，降低运营成本，也能让当地村民群众实现就地创业就业，广辟致富门径，多渠道增加家庭财产收入。如直接聘请村民到

"农家乐"打工就业，鼓励村民以现金投资收息，以房屋、田地等生产生活资料入股分红或租赁获利等，实现"农家乐"与当地村民的先富带后富，最终走共同富裕之路。不仅如此，将共享发展理念作为落户乡村、造福一方的不变宗旨，"农家乐"才能助力村民成为新时代乡村振兴的主力军，也才能在社会协同、公众参与乡村振兴的历史进程中彰显独特地位和作用。

"理者，物之固然，事之所以然也。"无论是满足新时代人民日益增长的美好生活需要，还是推进乡村旅游成为全民旅游、全域旅游的新看点新热点新亮点，抑或让乡村振兴战略在产业兴旺、生态宜居等方面内容更丰富，形式更多样，潜力更充足，都决定了今天"农家乐"必须作别"小打小闹"的初级阶段，从遍地开花、随意经营、无序扩张的粗放发展模式，递进到调整存量、做优增量、激活变量的高质量发展阶段。唯有以新发展理念为指导，顺应我国经济迈向高质量发展的新时代，于供给侧不断调优结构、丰富产品与服务内容，精益求精、与时俱新，努力实现质量变革、效率变革、动力变革，打造"农家乐"升级版，"农家乐"才会让八方宾客纷至沓来，甚感美不胜收，甚觉"风景这边独好"。

第三章　人才振兴

第一节　"空心化"趋势下乡村治理的对策研究

农村空心化是社会变迁的产物，是伴随农业人口大规模向城镇和非农产业转移，村落日益消亡，农村呈现总体性衰败的现象，造成农村整体经济社会功能综合退化。农村空心化大致可分为两个阶段：空心化前期（20世纪80—90年代），均质的村落因规模急剧拓展而呈"外扩内空"的空间格局；空心化后期（21世纪初至今），传统村落因人口大量向城镇迁移呈现"人走屋空，进村不见人，地荒杂草生。"的萧条景象。农村空心化问题的产生与中国的快速城镇化发展有密切关系，工业化、城镇化和现代化过程中，城市从乡村吸取了大量资源，造成马克思主义生态学中所谓的"生态的断裂"，乡村被抽空了。与其说是农村的空心化问题，其实是城市的城镇化问题。中国长期实行的城乡二元制，导致农村基础设施建设落后，基本公共服务资源匮乏。"空心化"为乡村治理带来很多问题，如农村家庭的残缺，留守老人和儿童问题，农村教育、文化、医疗等公共服务体系建设水平低，农村经济发展迟缓等。

加强乡村治理，解决"空心化"问题，不能简单地就"三农"

论"三农"。农村空心化问题的解决必须与我国特色城镇化道路建设结合起来，乡村"空心化"的治理要与我国新型城镇化发展模式统筹兼顾，这不仅是物质形态的问题，而是关涉到文化主体性之存续的文明本体问题。乡村是整个国家的基础，在新常态下，政府必须进行政策调整和制度改革，走工业和城市反哺农业和农村的发展道路，促进城乡要素平等交换和公共资源均衡配置，推动城乡一体化发展。加强农村"空心化"治理工作，遏制乡村的空心化趋势，要关注城乡人员的合理流动，关注农耕文明的保护和传承，关注人与自然的和谐相处，关注农业发展方式的转变，关注生态环境资源的合理利用，保持农村社会的健康可持续发展。

一、构建城乡人员互动流通生态循环链

乡村"空心化"最大的问题是人走了，未来的乡村谁来做主人？如何让没走的人留下来，让走的人回来，让城里人也愿意常住在乡村？乡村是中华文明的源头，社会秩序的根基。重建乡村就是重建国家的基础，乡村建设是人的建设，城镇化发展的困境和加强乡村空心化的治理，不仅是对城乡物质形态的改变，同时关系着中华民族的文化命运。传统乡村社会，士农工商各个阶层都有，从乡村走出去的士大夫，最后还会告老返乡、反哺乡村，形成了非常完整的文化生态循环体系。现在乡村被功能化了，变成了单纯的人口资源输出地。人才单向、不可逆地流向城市，乡村作为人才储备的源头在慢慢枯竭。

（一）建立外出务工人员回乡创业帮扶机制。在"大众创业、万众创新"的号召下，政府要从政策上做好引导和倾斜，构建城乡人员互动流通体制和机制，并制度相应的法律法规给予保障，尤其要让外出务工人员感受到政府对农村建设的强大支持，愿意带着先进

的技术和"第一桶金"回到家乡安居创业，带动乡村发展。只有让人才和资源都回到乡村广阔的土地上，掀起"草根创业"的新潮，形成"人人创新"的新势态，农业、农村和农民才会重新释放出活力。

（二）制定人才入乡创业政策，并建立相应的运行机制。充分挖掘城市富余的人力和技术资源，让关心、关注和支持农村发展的有志人士，如企业家、艺术家和社会学家等愿意带着知识、技术和资金投入乡村的建设和发展。例如，浙江嘉兴海盐地处杭嘉湖平原，素有"鱼米之乡、丝绸之府"的美誉。以艺术乡建为抓手，引入文艺名家，统筹丰富多彩的艺术资源，致力于打造综合艺术村落样本。

（三）构建大学生回乡创业支持体系。制定大学生回乡实践和服务计划，建立健全大学生回乡双创支撑服务体系，让年轻人多了解乡村文化和乡村发展，培养对乡村的感情，这样才有可能让人才留到乡村，为乡村发展不断输入新鲜的血液。

（四）鼓励城里人到乡村安居生活。建立离退休人员"告老返乡"服务机构，让离退休人员退休后能回到久别的故乡，安享晚年；制定城镇人员回乡定居政策，让城镇人员离开喧闹的城市，享受安静、和谐和淳朴的乡俗生活。随着人才和人员在城乡的双向流动，乡村慢慢充实了，重现以往的人气和活力，各种资源和要素也逐渐在城乡平等交换，各种公共资源也在城乡均衡配置，城乡慢慢一体化发展，小康社会也就建成了。

二、加强乡村文化和传统的保护和继承

在"空心化"趋势下，许多自然村人去村空，逐渐消失。20世纪80年代，我国有自然村近400万个，目前只剩下260余万个，随着经济社会的发展，很多自然村落还在继续消失。据《中国统计摘要 2020》的统计数字显示，平均每天有 20 个行政村正在消失。

（一）合理撤销或合并村落。在乡村治理中，要重视乡村的价值，各地行政部门要充分调查征求民意，通过合理的布局，整合资源，发挥区域优势，通过重新划分行政区域，由若干个自然村或行政村被撤销或合并成镇、社区或中心村，达到协同发展。

（二）做好农村住宅的审批和规划管理。农村的空心化还表现在许多农户"扩建新宅，闲置旧宅"，村庄出现"外扩内空"，摊大饼式的发展，不仅浪费宝贵的土地资源，而且影响水、电、网等基础设施的建设。各地规划和行政部门要加强对农村住宅的审批和规划管理，做好旧村落民居修复，新建村镇或社区要传承和保护当地的民俗民风，要因地制宜根据不同的乡土民情、自然条件、资源禀赋、地理地貌进行全面合理规划，让当地的历史文脉继续延续下去。

三、建设"田园型乡村"社区

要让城市人到乡下常住，首先基础设施和卫生条件要达到基本要求，近年来，虽然通往大部分村镇的沙石、泥土路都进行了硬化，修成了柏油路或水泥路，但仍没有做到全覆盖，另外道路的维护不到位，往往新修的路一二年就又坑坑洼洼。农村虽然盖了新房但居住的环境改善不大，生活用水用电困难，"污水靠蒸发，垃圾靠风刮"的现象依然存在。在城乡发展一体化发展背景下，经济发达了，乡村要经历一个转型，慢慢走向"后生产型乡村"，即乡村单纯满足粮食生产的功能弱化，提供一些新的功能，如居住和消费功能，建设精细农业，休闲体验农业等。乡村居住形态要适应后生产型乡村的发展，建设"田园型乡村"社区。政府应将更多的公共资源和财力投入到田园型乡村建设中，优化乡村的发展空间，美化农村发展环境，协调城乡发展。各级政府应建立农村基础设施建设投入的长效机制，县级政府对所辖乡镇的建设拿出规划方案，中央及省级政府结合减贫政策，建立保障农村饮用水安全工程，危房改造工程，沼气建设工程，路网和电网改造工程和农田水利建设等专门项目，加大投资完善农村基础设施建设，尤其是偏远贫困地区的民生工程建设。同时，要有步骤地完善农村教育、卫生医疗和文化体育设施建设，建立覆盖城乡的基本医疗卫生制度。乡村有了新鲜的空气、优美的环境、完善的设施、便利的交通，不仅城里人能留下来，原来进城的人也会回来。乡村充实了，空心化问题就迎刃而解了。

四、提高乡村公共服务供给水平

加强乡村公共服务体系保障是助推乡村公共服务体系优化，促进乡村振兴战略落实的重要举措。对于加强保障而言应从三个方面落实，首先相关政府部门应针对乡村公共服务体系的建设设置有效且科学合理的财政政策，应以乡村人民对公共服务体系的需求为依据，参考人民基本需要建设规范性、系统性的公共服务体系。根据建设目标制定与时俱进且因地制宜的财政体系，适当加大相关设施的建设投入，从而完善乡村公共服务体系基础设施建设。其次，社会各层级应针对乡村公共服务体系的构建建设公益补贴机制，应根据不同地区进行经济社会个体情况分析，以分析结果为依据对公共服务体系建立综合性补贴政策，并为相关设施的后期维护工作建立管理体系。最后，应对乡村公共服务体系建设经济情况进行把控，根据地区情况制定科学合理的资金管理政策，全面把握乡村公共服务体系建设资金配置，使经济资源价值最大化发挥。还可以适当联合民间资本力量建设公共服务体系，实现乡村公共服务体系全面优化，推动乡村振兴战略的落实。

政府要制定对农村基础公共服务投入和建设的政策和制度，财政要加大对农村基础教育和职业教育的投入力度。目前，全国各省（区、市）都在迅速贯彻落实 2016 年 1 月国务院印发《关于整合城乡居民基本医疗保险制度的意见》的精神，截止 2016 年 10 月，全国已有包括北京、天津、河北、河南、新疆等 20 省（市、区）对此进行总体规划部署或已全面实现整合，从 2017 年 1 月 1 日起实行统一的城乡居民医疗保险制度，实行城乡一体化的经办服务管理，消除了城乡制度分设、管理分割、资源分散等障碍。下一步，中央政府要加强对农业人口的社会保障，建立城乡统一的居民社保制度，并且针对空心化趋势下农村出现的留守老人和留守儿童问题，出台政策保障老年人的养老问题和儿童的保教问题，构筑社会最底层的保障线，让公共服务均等化覆盖农村，实现老有所养，幼有所教，病有所医。

五、构建农村新的公共经济发展模式

随着市场经济的发展和农村土地的流转，传统的基于土地集体所有制的集体经济可能面临变革，农村土地政策面临拐点，需要在原来统分结合的村集体经济的基础上建立新的公共经济发展模式，如新的合作经济、家庭联合承包经营经济，新的乡村社会企业等。

（一）政府需要制定修复农业的长期计划。目前，已有大批农牧民退出原来的农牧业生产，进城或在当地从事二三产业，土地大规模机械化的耕种方式和现代农牧业产业化的发展，催生出农牧业规模化经营模式。近年来，我国多省市出现了新型农牧业经营主体，如具有现代化农牧业特征的家庭农牧场。政府要修订新的政策和法律框架，规范各种农业经营主体的行为，制定修复农业的长期计划，保护农民的权益和土地的再生产能力。

（二）建立现代化的产业发展体系。政府应尽快制定合理的农田

流转法规，建立有序的农田经营和退出机制，以现代化的产业体系支撑农村，构建农牧业规模化经营模式培育现代职业农牧民。要尊重农民意愿，遵从市场规律，采用政策支持、示范引导和培训学习等方法，建立现代化的产业发展体系，让土地进一步集中实现农牧业现代化规模化经营，加快发展生态农业；扶持具有一定规模的骨干企业，逐步培养和发展高附加值的农牧业深加工企业，提高其市场竞争力，逐步成为具有自负盈亏的市场主体。

六、制定和完善农村经济社会的法律制度

"空心化"趋势下，农村基层党政组织的治理能力日益弱化。由于农业生产经营主体的变化，参与农村社会治理的主体呈多元化，除了村两委，还有村民自治组织、农村合作经济组织、农村各种社会团体和农民等。传统乡土社会的乡俗民约很难解决各种主体的不同诉求，需要制定和完善一系列关于农村经济社会的法律制度，通过法治保障，结合德治、自治，走出乡村治理面临的困境，让农村重新释放新的活力。

（一）建立和完善农村耕地和宅基地使用等相关法律制度《土地管理法》第 62 条规定：农村村民一户只能拥有一处宅基地，其宅基地的面积不得超过省、自治区、直辖市规定的标准。农村村民建住宅，应当符合乡镇土地利用总体规划，并尽量使用原有的宅基地和村内空闲地。农村村民住宅用地，经乡镇人民政府审核，由县级人民政府批准。

（二）建立和完善村级和其他基层社会组织参与乡村事务管理的法律制度。乡村"空心化"导致村级权力和责任系统的丧失，其他基层社团组织在村级事务中发挥的作用越来越大，容易形成不同的利益阶层，瓜分村民的利益。应培育公益性、服务性和代表村民利

益的民间社团组织，将其地位合法化，建立其注册和机构设置及参政机制，发挥在村级公共事务管理中补位和辅助作用，构建法治、德治、自治"三位一体"的乡村治理新模式。例如，浙江省德清县的"乡贤参事会"，根据《德清县培育发展乡贤参事会创新基层社会治理实施方案（试行)》，通过培育发展"乡贤参事会"，积极参与农村基层社会治理，实现乡土社会和文化与基层民主建设的有机结合，形成政府治理与村民自治的良性互动。

（三）建立和完善农村环境保护的法律制度。农村"空心化"问题与越来越差的环境密不可分。城镇化和工业化的推进加速了城市生活垃圾和工业污染向农村的转移，农村环境保护法治建设滞后。目前，我国环境保护的主阵地在城市，相关部门对农村的生态环境缺乏保护意识，严重制约农村生态环境保护的法治建设进程。为阻滞乡村越来越严重的"空心化"趋势，政府应根据农村生态环境保护的实际情况专门立法，尽快制定《农村环境保护法》的综合性法律，有效保护农村的生态环境。中央及地方各级政府应结合地方实际，加大农村生态环境保护立法工作，不断完善与农村环境保护相关的法律法规体系。从立法层面，明确乡镇政府、村民委员会在农村环境监督管理方面的主体作用，制定相关法律法规，确保乡镇政府、村民委员会的执行力，监管和治理当地的环境破坏和污染等行为，诸如生活污水和垃圾的处理、禽畜养殖的污染、企业"三废"的排放、农田林地的毁坏性使用等；制定严格的农村用地环保审批手续，提高环境保护工作质量。通过建立和完善农村环境保护的法律制度，保护和恢复农村生态环境，实现农村经济社会的可持续发展。

第二节　新时代破局乡村振兴需要"八有"干部

党的十九大站在新时代的高度，首次提出实施乡村振兴战略，绘就了我国"三农"事业新征程的宏伟蓝图。党的二十大报告对全面推进乡村振兴进行了专题阐述，围绕坚持农业农村优先发展，巩固拓展脱贫攻坚成果，扎实推动乡村产业、人才、文化、生态、组织振兴，全方位夯实粮食安全根基，牢牢守住十八亿亩耕地红线等目标任务进行了重点部署。"尚贤者，政之本也"。实现乡村振兴这一历史性战略任务，对各级领导干部特别是"三农"工作领导干部提出了"懂农业、爱农村、爱农民"的新要求。具体来说，要真正成为"三农"工作、振兴乡村的权威和行家，应做到"八有"。

一、要有"不畏浮云遮望眼"的政治站位

政治站位关乎政治立场、政治方向，体现政治觉悟、政治眼光，决定责任担当、工作作为。"不畏浮云遮望眼，只缘身在最高层"。站得高才能望得远、察大局、识全局，才能想明白、看明白、干明白。进入新时代，我国社会主要矛盾已转化为人民日益增长的美好生活需要和不平衡不充分的发展之间的矛盾，其中发展不平衡不充分问题在乡村尤为突出。没有农业农村的现代化，就没有国家的现代化；没有乡村的振兴，就没有中华民族的伟大复兴。各级党政干部必须从"三农"工作是全党工作重中之重的政治高度，从决胜全面建成小康社会的全局高度，从顺利开启全面建设社会主义现代化国家新征程的战略高度，深刻认识实施乡村振兴战略的重要性紧迫性，搞清楚中央的要求是什么，弄明白农民群众的期盼是什么，真正做到把责任扛在肩上、把任务抓在手上，推动这一战略落地见效。要立足实际，科学制定规划和方案，按照"产业兴旺、生态宜居、

乡风文明、治理有效、生活富裕"的总要求创造性地加以实施，避免"三农"工作说起来重要、干起来次要、忙起来不要的现象。

二、要有"心中为念农桑苦"的为民情怀

衡量实施乡村振兴战略的成效，关键要看农民是否成为最大的受益者。"心中为念农桑苦，耳里如闻饥冻声"。心中有民，才能为民担责作为。振兴乡村，首先要对"三农"充满感情，胸怀乡村心系农民，时时惦记农民疾苦，善于倾听农民诉求，顺应广大农民对美好生活的向往，努力提高农民群众的获得感和幸福感。当前，农民生活水平总体偏低、生活条件较差、适应生产力发展和市场竞争的能力不足，成为全面建成小康社会的突出短板。各级干部应始终坚持以人民为中心的发展思想，把保障和改善乡村民生、促进农民脱贫致富作为实施乡村振兴战略的出发点和落脚点，落实到政策措施中、具体行动上。尊重农民的首创精神，充分发挥其主体作用，调动他们参与乡村振兴各项工作的积极性、主动性和创造性。以改革创新的思路，清除掣肘"三农"发展的各种体制机制障碍，激发农村各类要素的潜能和各类主体的活力，促进农民收入持续增长，不断为农业农村发展注入新动能。建立健全城乡融合发展体制机制和政策体系，激励城市资金、技术、人才、信息等要素资源"上山下乡"，兼顾各方利益，保护农民权益，避免农民在土地、山林等流转以后成为"局外人"，防止资本下乡"跑马圈地"、涉农项目有头无尾。

三、要有"欲穷大地三千界"的全局视野

"不谋全局者，不足以谋一域；不谋大势者，不足以谋一时"。农业农村农民问题是关系国计民生的根本性问题。推进乡村振兴，

必须有全局视野，切忌"只攻一点，不及其余"。要牢牢把握实施乡村振兴战略的总要求，把乡村振兴放到中国特色社会主义事业"五位一体"总体布局和"四个全面"战略布局中去谋划、部署、落实，推动农业全面升级、农村全面进步、农民全面发展。就产业发展看，要针对当前农产品大路货供过于求与优质绿色产品供给不足并存的突出矛盾，着力推动农业由增产导向转向提质导向，大力发展现代农业，推进传统农业和农产品加工业转型升级，加快一二三产业融合发展，积极发展新产业新业态，培育乡村发展新动能。就农村环境看，要聚焦化肥农药过量使用和生活垃圾、污水处理设施不健全等突出问题，加大农村生态保护修复和生活环境综合整治力度，推进农业绿色发展，打造生态宜居美丽乡村。就乡村风貌看，要抓住乡土文化褪色消失、农民精神文化生活缺乏等问题，挖掘传承农耕文明和乡村良好习俗，推进农村文化繁荣兴盛，重构乡村精神家园，实现乡风文明与时俱进，焕发乡愁乡味新气象。就乡村治理看，要瞄准当前农村正处于社会转型关键期，农村社会矛盾易发多发、基层组织治理能力不强等现象，加强农村基层党组织建设，加快构建自治法治德治相结合的乡村治理新体系，夯实基层基础工作，实现乡村善治。就农村民生看，要紧盯基础设施建设、扶贫脱贫以及医疗、卫生、教育、出行等薄弱环节，推动农村基础设施提挡升级，加强民生保障体系建设，在幼有所育、学有所教、病有所医、老有所养、住有所居等方面持续取得新进展，打好精准脱贫攻坚战，织密兜牢农村困难群众基本生活的安全网。

四、要有"咬定青山不放松"的战略定力

战略定力决定战略意图和战略目标的实现。习近平同志指出："战略问题是一个政党、一个国家的根本性问题。战略上判断得准

确，战略上谋划得科学，战略上赢得主动，党和人民事业就大有希望。"我国城乡二元结构由来已久，农村面临着人口大量流失、地力退化、环境恶化、乡土文化消退等诸多严峻问题，许多问题相互交织、错综复杂，解决的难度很大。这就决定了实现乡村全面振兴战略目标，既是一场攻坚战，又是一场持久战，必须进行许多具有新的历史特点的伟大斗争，始终保持战略定力。要毫不动摇地将实施乡村振兴战略作为今后相当长时期内"三农"工作的总抓手，拿出"明知山有虎，偏向虎山行"的勇气和决心，不被困难吓倒，不为干扰所惑，在"乱花渐欲迷人眼"时保持沉着冷静，在"千磨万击"中"咬定青山不放松"，坚定不移推进落实。要锁定目标，按照规划及既定的"时间表""路线图"，扎实做好各项打基础利长远的工作。要笃定作为，将乡村振兴总要求和"三步走"的阶段性目标细化为年度工作任务和目标，稳中求进，一步一个脚印走好乡村振兴之路，积跬步以致千里。

五、要有"万物兴歇皆自然"的规律自觉

如果说在工业化时代，乡村的一时衰落带有必然性，那么在现代化时代，广大农村发展空间巨大，其振兴同样是必然的。懂农业、爱农村，就要对农业农村发展现状了然于胸，就要熟悉、尊重、敬畏"三农"发展规律，并自觉按规律办事，这也是创造政绩的根本来源。这就要求实施乡村振兴战略，应顺势而为、与时俱进，步步为营、循序渐进，既不可消极观望，也不能妄为冒进。要遵循城乡发展规律，扎实推进城乡要素双向流动，让那些曾经让城市繁荣起来的要素以较低成本顺利进入农村发展进程，推动形成"以城带乡、以工促农、城乡融合、协同发展"的新格局，让农村发展与城市化相得益彰、相辅相成；遵循市场和产业发展规律，依托资源、环境优势，吸引各类市场主体和社会资本公平参与到乡村振兴之中，让广大农村充满活力、生活富裕；遵循生态发展规律，保护好自然生态资源，保留乡村特色风貌，开展人居环境综合治理，让新时代的乡村绿起来、美起来、舒适起来；遵循乡村社会发展规律，加强农村基层基础工作，创新乡村社会治理方式方法，发挥乡贤作用，打击黑恶势力，让和谐平安成为广大乡村的新标识；遵循文化发展规律，积极传承发展农耕文明，推进移风易俗、文明进步，让文明之风吹遍乡村每一个角落。实现乡村振兴，绝不能简单地借用城市化的理念、工业化的思路，而应该因地制宜，充分尊重、珍惜乡村的地域特色和文化差异，既要体现新时代新任务的新要求，又要留住乡村之"形"、之"魂"，让人们有乡味可思、有乡愁可品。

六、要有"功成不必在我"的气度胸襟

"三农"工作任务重、难度大、条件差，等不起、急不得、见效慢。"政贵有恒，治须有常"。作为一项千百年来的宏伟大业，解决"三农"问题，实现乡村振兴，绝非一日之功，不可能一蹴而就，需要宽广气度心胸，需要持久耐性毅力，需要一批又一批、一届又一届干部接续奋斗、长期作战，善作善成、久久为功。各级干部应正确认识和对待政绩，善于从战略和长远角度看待当前"三农"工作，从全局高度看待工作目标，既做显功，也做潜功。始终保持"功成不必在我，建功必须有我"的思想境界，为乡村振兴事业而忘我、为"大我"而弃"小我"，既做让老百姓看得见、摸得着、得实惠的实事，又甘施铺垫之力，甘抓未成之事，甘为长远之谋，"不求人夸颜色好，只留清气满乾坤"。始终保持"每临大事有静气"的沉着稳健和"风物长宜放眼量"的豁达情怀，厚立从政之德，多积尺寸之功，把推进乡村振兴当成接力赛，一步一步向前走，

一年接着一年干，一张蓝图绘到底。"政声人去后，民意闲谈中"。急功近利、急于求成、贪一时之功、图一时之名，就容易犯"激进"或"冒进"的错误，导致做工作漏洞百出、办事情问题丛生，甚至劳民伤财、得不偿失，影响事业发展。

七、要有"古今事业必成于实"的务实作风

成事源自于对细节的注重，源自于求真务实。乡村振兴是一项系统工程，需要广大干部把上级精神与基层实际结合起来，形成研究部署工作与安排落实工作同步考虑、同步推进的良性机制，真抓实干，埋头苦干，方能取得实效。调查研究要实，不先入为主，不预设框框，不回避矛盾，不走马观花，不搞盆景式调查、花架子研究，或者有调查无研究。坚持问题导向，深入基层、深入群众，在调查研究中增强看问题的眼力、谋事业的脑力、察民情的听力，发现问题所在、把握规律特征、提出治理良策。工作作风要实，坚持密切联系群众，不驰于空想，不骛于虚声，以过硬作风抓好工作落实，干一件成一件，积小胜为大胜。坚持务实重行，持之以恒克服形式主义、官僚主义，到问题多矛盾多困难多的地方去排忧解难，做到工作指挥在一线、情况掌握在一线、措施落实在一线、问题解决在一线。政策措施要实，以产业兴旺为重点、以生态宜居为关键、以乡风文明为保障、以治理有效为基础、以生活富裕为根本，创新政策措施，落实农业农村优先发展要求，加快补齐"三农"短板，夯实"三农"基础，让农村尽快跟上国家总体发展步伐，实现产业兴、农民富、乡村美。

八、要有"砍尽狂沙始到金"的执着追求

为山九仞，功在不舍。实现乡村振兴这一伟大而艰巨的战略任

务，要始终坚持把做好"三农"工作作为全党工作的重中之重，以实施乡村振兴战略统领"三农"工作。广大干部只有始终不忘初心、牢记使命，坚定必胜信念和决心，乐观面对乡村"成长"的烦恼，以永不懈怠的精神状态和一往无前的奋斗姿态，扎实做好"三农"工作，乡村振兴的美好前景才能变成现实。要勇于攻坚克难，团结和依靠广大农民，以"敢叫日月换新天"的气概、"不破楼兰终不还"的劲头，坚决啃下农村改革、产业发展、脱贫攻坚、环境改善等"硬骨头"。要发扬"钉钉子"精神，对重点工作和关键环节持续用力，一锤接着一锤敲，不因暂时困难而动摇，不因问题复杂而却步，确保乡村振兴不断取得实效，让新时代的乡村成为人们向往的、大有可为的广阔新天地。

第三节 乡村振兴背景下培育新型女性农民的对策研究

民族要复兴，乡村必振兴。党的十九大首次提出实施乡村振兴战略，"产业兴旺、生态宜居、乡风文明、治理有效、生活富裕"，20 个字勾勒出未来乡村美丽图景。党的二十大报告提出全面推进乡村振兴，强调要"加快建设农业强国，扎实推动乡村产业、人才、文化、生态、组织振兴"。习近平总书记对乡村振兴念兹在兹。党的二十大后首次国内考察，习近平总书记就来到陕西延安，强调"全面推进乡村振兴，把富民政策一项一项落实好，加快推进农业农村现代化，让老乡们生活越来越红火"。要实现乡村的全面振兴，需要关注的一个现实是，当前在我国的广大农村，农村妇女占农村人口半数以上，可以说是实施乡村振兴的重要力量和生力军。特别是在一些外出务工人员较多的农村，广大的农村妇女更是乡村建设的主要力量。如何发挥好这支重要力量的作用，是实施乡村振兴战略必须面对和思考的问题。

本书选取淮安市新型农民作为研究对象，以期得出普遍性经验，应用于苏北地区乃至江苏。淮安市现有农业人口 682 万，约占总人口的 74%，是典型的的农业大市，而农村妇女约占总人口的 65%，女性农民已经成为推动淮安市农业经济社会发展的一支重要力量。近年来，淮安市各级领导高度重视，把对农村妇女的教育培训作为抓手促进新农村建设，有力促进了女性农民综合素质提高，但受历史、现实多种因素影响，女农民作为一个特殊群体，整体素质还存在一定的差距，因此研究乡村振兴背景下淮安市新型女农民面临的困境及对策十分有必要。

一、乡村振兴背景下淮安市新型女性农民面临的困境

（一）"男尊女卑"依附男性的传统思想

经历中华五千年父系氏族社会，"男尊女卑"的思想已经根深蒂固，这种观念潜移默化地表现在人们的日常生活和言语中，很多男性和公婆认为女人天生就应该在家带孩子，料理家务，照顾好老公，这样才能算得上一个"好媳妇"。尽管随着城镇化进程的加快，男性劳动力外出打工，长期不在家，女性在处理家庭事务、黏合家庭人际关系、人情来往等方面具有一定的决策权和自主权，但村庄的参政议政和社会事物仍要与在外的男性商量做决定，长期以来，"男主外，女主内"的政治参与性别分工模式，导致妇女被排挤出政治领域，缺乏社会公共领域主体性。即使男女平等的思想已经宣传很多年，但是这种根深蒂固的思想观念早已嵌入思想深处，已成为（包括妇女在内）规范人们行为规范和生活准则。在这样的文化背景下，极少有妇女参与村委选举，女性在男性面前是自卑的，柔

弱的。

（二）文化水平低缺乏自我定位

由于对教育重要性认识不足，很多农村女性无法接受教育或者是很少接受教育。据调查，大多数妇女都是小学或初中文化，高中文化很少，大专或中专的人数更少。小时候听从父母的安排，长大嫁人了听丈夫的安排，导致她们缺乏主见性，对自我价值的评估很低，很少去想自己想要干什么，过什么样的生活。大多数妇女都在繁琐的家务中忙得连轴转，根本没有多余的时间和精力去思考其他的事情，没有足够强烈的政治参与和主动接收外部信息意识，更不会主动地去接收关于国家惠农政策，全凭村委宣讲。即使网络、手机已经步入家庭，她们更多关注的是娱乐性、新鲜性的事物。再加之地形封闭，没有通畅的信息交流，少数妇女即使有创业的想法也往往因诸多困难而停滞。

（三）经济基础薄弱削弱话语权

传统的农业生产方式落后，种地收入不高。男性被迫远离土地，到城市从事建筑、煤矿、钢铁加工、保安等蓝领工作，这些工作持续性差，工资薪酬待遇不理想，不能为家庭提供长期持续稳定的保障，也无法享受到城市同等医疗、保险和教育资源。因此，为了大多数妇女选择留守在家中，经济来源不多，主要依靠丈夫的工资。因此造成了经济基础不独立，在家庭事务和社会事务决策方面缺乏话语权，无法接受相关的科技知识技术，如种子培育技术、农耕改良技术和采用现代的农用生产工具。

（四）妇女在乡村治理中参与度低

自古以来都是男性当家做主，妇女被排除在政治范围之外，形成了男性主导的话语体系，即使在村委中有女性，但也是主要在一些副职，不掌握实权。妇女干部提出的建议和对策因为无法得到多数人的同意，而化为泡影。调查发现，在村民选举民委干部时存在包庇或是贿选、选举不公正等现象，投票选举沦为走形式，严重打击了民众的积极性。另外，大多数妇女因为照顾小家无暇管理其他事务。如果当选了重要的村委干部，不管是不是农忙时节都要去走家串户为村民讲解政策或者是统计数据，不仅地里的活要搁置，家人也会产生不满。并且村委干部的补贴还不高，综合以上种种原因，妇女很难深入参与乡村治理。

（五）培训需求调研不足，培养内容缺乏相应的针对性

目前针对女性农民的培育不多，培育工作多是所有农民一起进行，缺乏针对性。花卉种植、刺绣、服装裁剪等适合女农民，应加大此举培训，让女性农民更多地掌握这些方面的知识与技能，充分发挥女性农民的长项。同时女性农民在年龄、文化、受教育方面也存在差异，应针对不同的适龄人群安排不同的培养内容，如年轻的文化程度较高的女农民接受新鲜事物能力较强，就应在运用信息技术方面多加强培训，而针对年龄较大的文化程度较低的女性农民则应能力较差应该安排一些流水任务，不需要过多的脑力劳动，只有这样才能培养出适合新农村建设的新型农民。

二、乡村振兴背景下淮安市培育新型女性农民的措施建议

（一）营造性别平等的社会氛围

树立男女平等的意识。消除性别差异，倡导性别平等是发展乡村振兴战略的必然之举，必须破除"男尊女卑"的思想束缚观念。加大宣传力度，采用派驻女人大代表下乡宣讲，吸引女创业者演讲

等活动形式，以实实在在的案例打动妇女，改变男性大男子主义。积极营造男女平等、尊重女性、认可女性的社会氛围，消除性别歧视，认可妇女在家庭的劳动价值。鼓励妇女学习相关的职业技术培训，走出家庭。

（二）开展农村妇女再教育

母亲的言传身教和举止言语会潜移默化的影响下一代，影响着孩子未来的人生选择。乡村振兴需要几代人甚至十几代人的努力，妇女的整体素质关系到乡村振兴的可持续性。首先大多数农村妇女认为学习没有必要，没有学习积极性。每个村庄设立一个学习基地，减少学习来回的通勤时间。在每个村舍设立学习室，邀请就近的成功女企业家讲学，用通俗易懂的语言或者乡音开展技术培训，激发妇女的学习积极性。及时了解女性农民的需求，及时做回访，了解培训效果，便于下次改进，防止流于形式，浪费时间和精力。主要传授如何提高生产产量、提高生产技术、农用机械的熟练使用待。开展互联网教学，提高妇女的自学能力，以及通过互联网查找相关视频和搜索网页学习的能力。提高妇女的生态环境保护意识，减少生活垃圾和污水排放，学会垃圾分类处理，定期安排稽查人员检查和上门指导。

（三）提高劳动生产率，增加妇女经济收入

妇女没有独立的经济来源是造成依附男性的主要原因，因此要培养一批有文化、懂技术、会经营的新型女农民。通过因地制宜，了解当地宜种植的经济作物，或结合当地特色开展特色旅游业，开展各具特色的培训班，制作传统工艺在电商平台售卖等多种经营方式提高经济收入。投入专项资金鼓励支持农村妇女自主创业。

（四）引导农村妇女参与乡村治理，行使政治权利

现实中农村妇女进入村委会的人数相对较少，这与农村妇女在农村发展占有的重要地位不成比例。提高妇女的参与度，首先要改变性别歧视的社会氛围，对女性有足够的包容性。提高自身整体素质，提高经济地位，才能意识到自己有发声的权利。完善农村村委会选举法，规定妇女在村委竞选中的实际比例，严肃处理选举中的不公正行为，引导妇女积极参与乡村治理。充分发挥妇联组织的联合作用，妇女组织走进农村，听取农村妇女的心声和需求，"及时向政府反映，做到权为妇女所用，情为妇女所系，利为妇女所谋，为妇女参与政治扫清障碍"。积极引导和支持农村妇女参与村民自治和民主管理，有助于加强农村妇女的参政议政意识，正确审视自我价值，走出自卑的心理误区。

（五）加快基层妇女工作干部容错纠错机制出台

基层妇女工作干部容错纠错机制要坚持"顶层设计"。提高政治站位，在大局下谋划工作，允许工作有失误，但不允许放任工作不做。坚持"顶层设计"就是要贯彻党的组织路线，培养政治过硬、敢于担当的基层妇女工作干部。基层妇女工作干部容错纠错机制要坚持法治理念。基层妇女工作干部要具备法治思维，时刻以法律作为准绳约束自己。要将违纪违法与勇于创新、示范先行、无意过失区分开来。让想干事的人放手干，让趁机牟利的人现原形。基层妇女工作干部容错纠错机制要坚持人文关怀。一个善于容错纠错的领导，基层妇女工作干部会心存感恩，进而更加努力地投入工作。组织内部的谈心谈话与心理援助制度，对每个犯错干部心理状态进行评估，引导其放下心理包袱，客观分析错误，变被动为主动，找寻问题发生的原因及以及可以弥补的补救措施。

三、总结

中国几千年根深蒂固的家族观念和家庭养老传统构建了中国家庭的照料支持体系。虽然女性农民对家庭"照顾者"的角色从未产生过质疑，她们一边沿袭遵循着传统，操持家务，照顾家庭中的老人和孩子，一边在家庭的经济生活中独当一面，彰显了中国女性的传统美德，但这也使得这个群体抗市场风险能力变弱。农村妇女作为乡村振兴发展的生力军，唤起妇女的主体意识，改变性别歧视的社会环境，大力发展经济，妇女有较独立自主的经济权，行使政治权利，提高政治参与度。乡村振兴之路任重而道远，妇女能真正发挥作用，扫除障碍，发挥积极主动性，才能成为振兴乡村的后备力量。

第四章 文化振兴

第一节 我国乡镇公共文化基础设施建设的
现状、问题与对策

一、我国乡镇文化基础设施建设基本情况

随着中国特色社会主义四个自信的提出，党中央更加加强了对人民追求文化生活理念的重视。公共文化基础设施主要是指由政府投资建设的面向公众开放的公益性文化场所，包括图书馆、文化馆、博物馆、展览馆、美术馆、影剧院、文化站、文化活动室等群众文化活动场所，以及城市主题雕塑、文化广场、主题公园等。公共文化基础设作为传播先进文化的主要方式，在为老百姓提供享受公共文化方面不可替代。近年来，全国省、市、县各级政府高度重视乡镇文化建设工作，使农村文化网络建设基本健全，文化活力逐渐呈现，公共文化服务能力明显增强。县区各乡镇都建有活动广场，并配备开展文化体育活动所需器材设备，以及路灯等照明设备，方便了群众在晚上到广场扭秧歌、健步走等体育活动。现阶段不仅乡镇配有文化活动室和农业科技书屋，而且部分行政村也按要求成立了

农家书屋和村级活动室，在一定程度上满足了农民图书阅读、广播影视、宣传教育、文艺演出、科技培训等需求。部分乡镇还建立了多功能的综合文化中心，并配备相应的文体设施设备，一定程度上满足老百姓日益增长的文化需求。

二、存在的主要问题

虽然我国乡镇公共文化服务设施建设水平有了较大幅度的提升，但仍存在很多问题。

（一）建设标准低，发展水平不够均衡。我国乡镇综合文化站虽然实现全覆盖，但多建于"十一五"期间，建筑面积基本都在300平方米左右，与我国要求乡镇综合文化站不少于500平方米的评估标准有较大差距。还有很大一部分没有达到基本设施配置一场（室外活动广场）四室（多功能厅、培训辅导教室、图书阅览室、电子阅览室）一栏（阅报栏）的标准。

（二）空间布局不尽合理。由于受到理念、财力、用地指标、成本等诸多因素制约，建设标准普遍满足于基本型，相当一部分乡镇综合文化站建设在乡镇政府院内，有的村级文化广场建在村部大院，面积小而且器材少，有的村文化广场选在了村边人少的地方，距离老百姓生活区较远，有的文化广场建在了交通中心，存在安全隐患，不利于农民群众开展各项文化活动。

（三）为农民群众所提供文化服务的吸引力有限。农村青壮年劳动力大量外出务工，常住人口减少，大多数是留守老人、妇女、孩子。对这些人来说，文化广场、文化体育设施器材受喜爱的程度远远高于文化书屋、公共图书阅览室、公共电子阅览室等。随着广播、电视、网络、智能手机在农村的逐步普及，农民在家里就可以满足基本文化需求。加上相当一部分农民还未养成良好的阅读习惯、管理不规范、管理员没有报酬等原因，客观上乡镇综合文化站、公共电子阅览室、农家书屋虽然建立起来了，但农民群众到这些公共文化服务站、参与活动很少，多数时间紧闭，流于形式成为摆设，闲置现象严重。

（四）运行经费严重不足。重建轻管现象突出，工程建设之初，各级财政一次性拨款统一配置了工程所需设备，但后期维护、运转、服务开展等基本经费由乡镇自行解决，由于乡镇财力有限，导致日常活动经费没有保障，各项服务和活动不能正常开展。

（五）农村文化专业人才队伍不能适应发展需要。我国乡镇综合文化站人员编制不足。按评估标准，乡镇综合文化站编制应为2-3人。但是目前大多数乡镇只配备一名兼职站长，同时身兼数职，既担任文化站长又负责其他工作，不能集中精力精研业务。各村文化工作人员大多为村干部兼职，缺乏日常业务培训，积极性不高，难以有效开展文化活动。

三、相应的对策方案

针对我国乡镇公共文化基础设施建设面临的困难以及存在的问题，就加快推进乡镇公共文化基础设施建设，切实巩固好、维护好、发展好基层文化阵地，提出以下几点建议：

（一）加强组织领导，不断加大投入。一是各级政府要切实担负起推进公共文化设施建设方面的职责。坚持"公益性、普惠性"原则，切实承担起辖区内管文化和办文化的责任，进一步划定责任边界，明确和落实市、区县（市）、街道（乡镇）政府的相应的文化管理职能，统筹市、区县（市）、乡镇、村屯四级公共文化基础设施建设。二是要把国家文化财政投入的侧重点放在农村，农村是当前我国文化基础建设最为薄弱的地方，对农村公共文化活动和公共文化基础设施建设的财政投入力度应逐步加大力度。以各个同类城市为参照，按国家标准和人口基数核定公共文化经费，并保证与财政收入同比增长，形成持续、稳定、高效的公共财政投入保障机制。三是多渠道争取资金，加快形成以政府投入为主、社会力量积极参与的多元投入格局。通过一些手段加强引导和鼓励社会力量加入到农村公共文化建设当中来，如采取政府购买、项目补贴、定向资助等措施。

（二）完善激励机制，突出特色典型示范，加快打造农村基层公共文化服务体系升级版。当前我国乡镇综合文化站、农家书屋、公共电子阅览室、村屯文化广场基本实现了全覆盖。在全覆盖的基础上，各市政府及相关部门制定出台相关政策，在全市范围内开展乡镇综合文化站、公共电子阅览室、农家书屋"三星"级示范站（室）创建工作。与城镇化与农业农村经济发展结合起来，从组织领导、工作机制、硬件设施、文化服务内容、人员配备、示范效应等方面，制定"一星""二星""三星"三档创建标准，完善激励机制，对评选上示范典型的，分别给予资金奖励、补助，充分发挥先进典型的示范、辐射和带动作用，巩固乡镇公共文化基础设施建设成果，确保公共文化建设各项任务的落实。各级政府文化主管部门要以创建示范点为契机，加强规范指导，依托市、区县（市）图书馆、文化馆的大平台，积极拓展乡镇公共文化服务功能，推进资源共享，树立典型示范，完善相关定期培训制度、管理责任制度，真正将乡镇综合文化站、农家书屋、公共电子阅览室建设成为为农民服务、受农民欢迎的民心工程，让其真正发挥惠民效益。

（三）逐步提高乡镇综合文化站的标准和档次，积极探索乡镇综合文化站的运行管理模式。乡镇综合文化站最大的属性就是公益性，社会力量的投入只是杯水车薪，主要还是依靠公共财政投入扶持。

基层公共文化设施建成不难，重在后续的管理和维护，在于后续资金的不断投入和管理方面人事安排。应从以下几方面入手：一是各级政府财政应每年列支专项资金，建立稳定的投入机制，努力克服"重建轻管"的问题。对财力不足的乡镇，加大市、区（县市）财政补贴力度，逐年增加乡镇综合文化站的经费投入，持续推进乡镇综合文化站硬件和内涵建设，逐步提高乡镇综合文化站的标准和档次，切实保障乡镇综合文化站人员经费和公用经费、专项业务和事业项目经费，认真解决乡镇综合文化站在设施、场所、设备和人员培训等方面的问题，保证基层公共文化服务能够提供免费演出、免费电影、电视广播、图书借阅、电子阅览、文化活动等服务。二是积极探索乡镇综合文化站的运行管理模式。在全市范围内选择部分乡镇，开展乡镇综合文化站"公建民营公助"的运行管理模式改革试点工作。管理模式为文化设施的基本建设由政府投入，乡镇文化站负责管理，运行工作主要交给民间文化协会，同时吸引社会各方面力量参与和支持。政府文化主管部门争取项目资金，公益性文化活动向民间文化协会定向购买，同时根据年终考核结果，以奖代补，解决运行经费问题。

（四）创新适合各市的保障模式，打造一流的公共文化工作队伍。在人员方面，一是充实基层文化工作队伍。实施公共文化服务人才"百千万"工程，培育公共文化服务百名专家、千名骨干、万名志愿者，建设一支德才兼备、锐意创新、结构合理、规模宏大的文化人才队伍，为公共文化服务体系构建提供有力的人才支撑。着重抓好街道（乡镇）综合文化站、社区（村）文化室等基层工作人员的配备，特别要保证乡镇文化站长的专职专用，配齐、配全文化站工作人员。二是不断提高基层文化服务人员的素质，注重业务能力和服务水平的培训，制定出一套具体的、边界清晰的程序性规范管理制度，并对从业人员的工作内容进行公示，让群众能够有效及时地进行监督。三是采取切实有效的措施吸引大量专业的优秀人才进入公共文化服务领域，打开进出口，使人员合理流动起来，并通过激励机制选拔和培训优秀公共文化志愿者，志愿者的主要来源可以是大学生、退休职工和喜欢参与文化服务的人士。

（五）为公共文化立法，加强公共文化设施建设的准确性和合理性。加快推进公共文化相关立法，将公共文化设施建设、财政投入、服务开展、产品供给、人才保障等方面以法律法规的形式予以明确，使政府和社会对公共文化的投入机制在法律的保障下长效运行。同时，进一步完善公共文化服务政府规章体系，以实现公共文化服务建设管理的法制化、规范化。

第二节　乡村振兴战略背景下的文化建设路径研究

一、引言

十九大报告中提出"乡村振兴"的发展战略，是我国建设现代化经济体系的七大战略之一，是基于我国当前城乡区域发展不平衡的现状，用来改变乡村经济结构单一和农民收入渠道单一，解决当前缺乏持续发展动力等问题的重要路径，其重要意义不言而喻。现有的研究主要集中在乡村振兴的内涵、意义、战略和实现路径等。

从外部发展来看，在城镇化和旅游产业发展的过程中，会给乡村文化带来怎样的影响是值得反思的。比如，过度的商业开发会不会导致文化传承的断层，不精准的产业发展会不会引起乡村生态系统的变化，城市文化扩张引起乡村文化建设边缘化等问题。尤其在持续城镇化过程中，很多传统村落文化和景观也逐渐消失，独有的文化价值体系也随之消失。

从内部发展来看，乡村自身农业发展的质量会影响乡村振兴中的文化载体建设和内容构建。比如，农民的人均可支配收入与农村文化消费密切相关，农村的资源和环境如何匹配支持后续发展，都是需要思考和解决的问题。要基于可持续发展理念，有效开发乡村旅游资源，建立乡村旅游经济，发挥当地政府的引导和扶持作用，使得乡村居民能够享受到经济收益和社会收益，形成包容性的协同乡村旅游环境。

更为重要的是，要关注乡村振兴的过程对乡村文化建设和乡村文化空间构建的影响机制（如表4-1所示），根据乡村振兴战略的总要求，与之对应的也有文化建设内涵，用"文化＋"来定位乡村振兴中的文化价值和生态价值，用"＋文化"来提升乡村振兴中的社会效益和经济效益，使文化建设做出更多的贡献。

表4-1 乡村振兴战略背景下的文化建设内涵

乡村振兴战略		文化建设内涵
总要求	产业兴旺	特色文化，农业十文化，推进农业与其他产业融合
	生态宜居	生态文化，坚持绿水青山就是金山银山
	乡风文明	乡村文化，复兴传统村落文化
	治理有效	文化配套，完善乡村文化建设公共服务实施建设
	生活富裕	文化自信，重塑乡村农民文化自信

乡村振兴内涵丰富，既要实现产业振兴，也要基于生态振兴。既要实现社会振兴，也要基于生活振兴，更重要的是要实现文化振兴。文化振兴是乡村振兴持续发展的重要任务，乡村文化建设的内生机制与乡村振兴建设的外在机制共同参与，凸显文化价值的作用，推动乡村的全面创新和发展，形成文化、产业和生态的多元融合发展。

二、乡村振兴的多维度发展

根据乡村振兴战略的总要求，要充分认识到文化建设的重要性，体现其文化价值，将"文化"纳入到乡村振兴的方方面面。从文化载体搭建到文化活动策划，从美丽乡村到特色小镇，定制各个乡村独有的文化基因，为乡村振兴战略的实施提供持续的发展动力。乡村振兴发展应该是多维度的同步发展，如图4-1所示，农业发展是根本，多产业融合是方向，文化建设是基础，生态文明是保障，通过多维度的作用实现乡村振兴，即经济振兴、社会振兴、文化振兴、教育振兴和生态振兴。

（一）农业发展是乡村振兴中经济发展的原动力

乡村振兴最终表现在全面实现农业强、农村美和农民富。产业发展是乡村振兴战略的根本，核心是乡村自身的农业发展。农产品交易市场的基础设施，监管环境，粮食市场的市场营销等农业政策包括最低支持价格、市场干预计划等方面的改革对于农产品市场的持续发展和振兴意义显著。

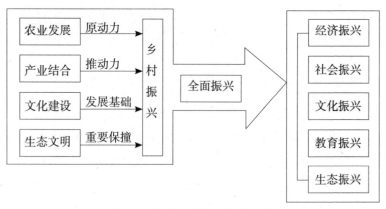

图 4-1　乡村振兴的多维度发展

支持和鼓励乡村发展创意农业、休闲农业和观光农业等，增加农民的兼业收入。推进符合区域特色的农产品开发和利用，全面提升农业的市场竞争力，完善价值链，最大化地发挥溢出效益，打造产业集群。不同地区要根据实践情况，立足于当地的资源优势，发展适合自身环境的高效特色农业，匹配当地的气候和土壤环境，优化农业发展的功能布局，提高乡村的农业效益，避免人才外流和空心化现象，构建促进乡村良性循环发展的高效农业结构。

（一）多产业融合是乡村振兴持续推进的推动力

随着城镇化进程的推进，乡村本身成为了重要资源。乡村振兴中应该推动一、二和三产业之间的融合发展，基于乡村自身资源优势，选择乡村特色产业优先培育和发展，促进当地农业与文化、创意、旅游、健康、教育、养生、生态等要素深度融合，形成有效的产业集群，发挥产业集聚优势，提升产业价值链。同时，也要基于市场机制作用的发挥，促进城乡不同产业之间的优势互补和融合依存，提升产业质量效率，同步转向高质量的经济发展阶段。

根据乡村特色推动具有差异化的旅游业发展，由单一主题的农家乐模式向多样化文化模式的产业集群过渡，建立数字网络信息平台，完善基础设施建设，提高乡村旅游吸引力和竞争力。发挥旅游的溢出效应，将乡村旅游和文化景观协同作用，构建旅游产业发展影响下传统村落文化建设。通过文化生态旅游的发展、乡村旅游的有效供给和多产业的融合升级，形成乡村新产业业态和新发展模式，推动乡村地区实现经济价值，提高产业链的综合效益，并提供有效的文化建设保护和利用。

（二）文化建设是支撑乡村振兴的发展基础

政策引导乡村振兴的过程中，要着重打造文化建设，重构和激发乡村文化复兴，培育文化品牌，构建文化符号，提升乡村的文化价值认同，凸显乡村文化特色。在乡村特色资源的利用和开发过程中，深化文化品牌价值，构建特色文化公园，形成有效的文化建设，推动乡村优势产业集聚，带动乡村文化主导型的发展模式。

"一村一品"打造乡村特色的文化内涵，依靠乡村特色文化，形成"一村一特"，打造具有乡村专属标签的农产品和手工艺品，与乡村文化互动促进。"一村一节"打造乡村特色的节庆活动和艺术节活动，通过展示、交流和举办体现当地文化特色的传统赛事、书画摄影等作品展、文艺演出等一系列活动，形成定期举办的乡村节庆和艺术活动，传承和发扬乡村文化。因地制宜地推动乡村振兴战略背景下的文化建设，避免"千村一面"，形成我国乡村典型的优秀文化和特色文化，继承和发扬乡村传统文化。

（三）生态文明是乡村振兴的重要保障

在乡村建设中要认识到乡村发展的差异性，避免乡村环境承载能力与产业生产能力不协调。在生态建设中进行合理配置和选择，强化生态保护，坚持环保优先和绿色发展。尤其需要构建持续化发展的政策体系来完善和监管农村环境问题，统筹规划生态政策，分类推进政策体系，逐步还原和展示出乡村的自然美，实现乡村因地制宜的专业化建设，实现美丽宜居的乡村生态环境构建。

绿色发展理念应该始终贯穿在乡村振兴的过程中，改善现有的乡村面貌，构建生态大走廊。乡村振兴的生态文明可以基于乡村居民生态文明意识的提高，可以"宜农则农"借助于生态农业的路径实现；也可以"宜旅则旅"通过生态旅游来支撑；还可以设定相应的生态补偿机制，保护农业文化遗产，建立多样化的生态管理模式，形成有利于创新创业的乡村生态型生产方式和投资环境，始终围绕绿水青山的建设目标，实现金山银山的财富积累。

三、乡村振兴中的区域特色文化建设

乡村振兴应体现居住环境与生活内容相一致。首先，从外在环境来看，应便捷舒适。好的乡村环境才能吸引人才、资本和技术等要素流向乡村，才能留住现有人口，提升乡村自身的生活活力。其次，从内在内容来看，乡村振兴要有相应的产业支撑，除了创意现代农业、文化旅游等外，也应有依赖当地资源禀赋所支持的新兴产业。最后，两者的融合还在于配套设施和服务的完善，解决教育、医疗和文化等困境。

如表4-2所示，各个区域的文化建设都丰富了乡村振兴的内涵，根据区域不同的文化资源和特色，形成了自己的独特模式。从文化到旅游，从农业到多产业融合，从特色小镇到美丽乡村，促进了乡村振兴战略的有效推进和实施。

表4-2 乡村振兴中的区域文化建设模式

模式	文化内涵	发展目标	实现路径	特色文化建设
江苏模式代表：江宁	特色文化模式农业十文化，推进农业与其他产业融合	以休闲农业为核心，融合多种形式农业产业与文化要素，形成产业集聚	延续以农产品为基础的传统农业，打造"互联网+"模式现代农业	南京江宁"文化＋旅游＋体育"休闲乡村旅游路线
四川模式代表；青川	生态文化模式坚持绿色发展，实现因地制宜的产业建设	依托地域及自然环境优势，以特色茶业推动文化和乡村旅游产业发展	保护传统茶业文化遗产，将特色传统文化融入农业旅游业，打造特色农业品牌	"川北一绝"休闲农业及"青川绿茶"旅游品牌

续表

模式	文化内涵	发展目标	实现路径	特色文化建设
山东模式代表：烟台	乡村文化模式复兴传承传统村落文化	以胶东地区历史文化为核心发展特色乡村文化产业建设，形成乡村文化主导模式	以非物质文化遗产为展示平台，积极推进胶东特色文化工程，建设农村公共文化设施。	"乡村儒学"文化工程，胶东剪纸、潍坊核雕等非物质文化遗产体验项目
浙江模式代表：文村	传统文化模式文化配套十文化自信，通过对传统设施改造重拾乡村文化自信	通过对当地传统建筑改造，重拾文化自信，带动以生态民宿模式发展的特色乡村文化产业	吸引城市资本技术进入文村，改造传统建筑，建成生态民宿，展示传统与现代并存的特色文化，构成特色文化旅游业发展	文村生态民宿，形成名宿品牌，带动产业链联动发展

　　一是江苏模式。江苏提出了"强富美高新江苏"和"两聚一高"的目标，形成了现代农业产业的合理布局，包括农产品为基础的传统产业，"互联网+"背景下的现代农业，还有创意休闲农业等新兴产业。江苏依托现代农业技术，增加现代科技在农业生产中的使用，推广优质的农业方法，创新特色农产品的生产技术，使得传统农产品质量和特色效益值提升，打造传统农产品品牌带来巨大销售收益。江苏农业电子商务近年来迅速发展，农业品牌积极通过电子平台进行产品营销，休闲观光农业等也依托互联网进行宣传。休闲农业方面，江宁的"美丽乡村"开创"文化+乡村旅游+体育"的独特路径，凭借地理位置和生态环境优势，打造休闲旅行美丽乡村，并围绕特色农业产品延伸产业链，开设生态园，发展乡村休闲旅游。

　　二是四川模式。四川省青川县位于四川北部边缘，该地区利用自身优越的地理位置和气候水温条件以及传统文化背景，发展"川北一绝"的特色休闲农业。青川县推进绿色发展路线，加强本地生态建设，坚持因地制宜的发展思路，以传统茶叶产业和特色茶文化为抓手，进行茶业供给侧改革，保护当地茶业农业及文化资源。同时将茶业文化融入旅游业，建造体现川北风情的传统茶车间等休闲设施，弘扬"七佛贡茶"等传统历史文化，打造"青川绿茶"品牌，形成旅游特色村落。

三是山东模式。山东省烟台市作为历史文化名城，在乡村振兴过程中传承弘扬丰富的历史文化资源，打造胶东文化品牌。烟台市积极推进乡村儒学计划等文化工程，重新激发乡村文化活力，突出文化特色，凸显文化品牌内涵。以非物质文化遗产（胶东剪纸等）为切入点，推进以胶东传统民俗文化为亮点的乡村旅游，打造具有胶东风情的手工艺产品和旅游专属符号，促进城市游客与乡村文化的接触互动，从而不断深化特色乡村文化产业道路建设。烟台市同时积极完善农家网络书屋等公共文化服务设施，引进城市文化资源进入农村精神文明建设，提高村民文化素养，形成乡村文化主导的产业集聚模式。

四是浙江模式。浙江省杭州市富阳区文村，在以政府为主导的乡村振兴过程中，积极引入社会资金、信息、技术等进入村落。城市建筑团队对文村基本环境设施进行升级改造，打造干净舒适的乡村环境。同时对文村明清及民国时代的江南传统农居房进行保护性改建，在江南历史文化中融入现代元素打造生态民宿，以文化风格的对比冲击塑造独特的文村文化风貌。文村依靠传统和现代结合的独特风格重现文化自信，形成了以民宿为特色的旅游业，并利用其溢出效应推动文村文化建设的创新和保护。

四、乡村振兴战略下的文化建设路径

在设计乡村振兴战略目标和制定实施措施的过程中，要把文化建设纳入整个安排中，发挥文化建设的溢出效应，从而推进乡村全面发展。乡村是文化建设的重要载体，本身就拥有许多物质文化遗产和非物质文化遗产，是我国文化的重要发源地。一方面，文化建设可以为服务于乡村社会经济的稳定发展，服务于文化复兴的伟大进程。另一方面，文化建设可以丰富乡村居民的文化服务，帮助乡村居民树立文化自信。

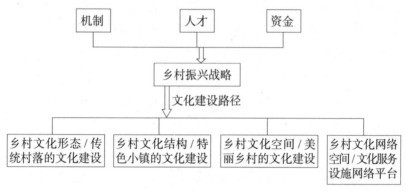

图 4-2　乡村振兴战略下的文化建设路径

如图 4-2 所示，乡村振兴战略背景下的文化建设可以通过多种创新路径来实现，首先，基于传统村落的文化复兴建设，立足于现有的文化遗产，形成有特色有活力有生命力的乡村文化形态。其次，借助于国家特色小镇的推进建设，将文化建设融入其中，形成具有独特 IP 文化元素的小镇，对接贯彻乡村振兴战略，构建乡村文化结构。再次，建设独有文化品位的美丽乡村。通过文化要素和资源的不断流动及融合，使美丽乡村更有发展的潜力和空间，是乡村振兴中的配套乡村文化空间。最后，通过线下和线上的公共文化服务设施全面建设，构建交互式的网络服务平台，形成乡村文化网络空间，推动乡村振兴中文化建设的信息化和系统化。此外，除了这些文化建设的创新路径之外，还需要在机制创新的基础上，加大人才和资金两大要素的投入，才能保障乡村振兴背景下文化建设的有效实施。

（一）乡村文化形态：传统村落的文化建设

乡村是我国传统文化的重要载体，承担着农业基础产业和居民生态宜居的空间，具有经济、社会、文化和生态价值等多种价值。保护历史文化名村，保护传统村落，鼓励进行乡村特色创意产品的设计和开发，提供个性化的乡村手工艺品的定制服务，形成乡村创意文化，有助于加强乡村文化遗产的保护和利用，让传统村落的文化载体重现活力，彰显地区文化特色。乡村的文化遗产，如戏曲、音乐、舞蹈、艺术、建筑、故居等都无不彰显着乡村文化印记，实现乡村物质文化遗产和非物质文化遗产的优化配置和有效利用，将有效地提升乡村文化自信。

许多传统村落已经认识到优秀村落文化是村落的核心生命力之一，要深度挖掘和传承村落传统文化的内涵和精髓，将之融入乡村发展之中，保持村落的生命力。例如，福建屏南县在对传统村落的保护过程中，逐渐走出了一条充满文化底蕴的独特振兴道路。屏南县政府首先对当地特色物质文化遗产（木拱廊桥）和非物质文化遗产（四平戏、棍术等）给予高度重视，在屏南县传统单一的旅游模式基础上融入文化遗产元素，打造文化亮点，使旅游业突破瓶颈。同时积极引入相关人才进行传统文化的再发掘。在拥有竹制品文化历史的屏南县前洋村，村民与下乡的艺术家一起创作传统竹木弓箭，打造特有的乡村手工制品品牌，推动竹编文化复兴，让屏南县的传统文化再次焕发生机，表现出乡村文化特有的形态，对于其他传统村落的振兴具有借鉴价值。

（二）乡村文化结构：特色小镇的文化建设

除了对传统文化的保护传承，国家还大力推进特色小镇的规划建设，培育独立于市区，具有特定的产业定位和文化内涵并且环保宜居的乡村小镇。实践证明，特色小镇是乡村振兴的基础和特色，从培育特色开始，形成自身的主题，构建个性化差异化的小镇，最终形成平台小镇。文化作为最能体现特色小镇美丽的元素之一，是特色小镇的内在核心，突出特色小镇的独特元素。因此要发掘小镇特有的文化资源，着眼于小镇自由的文化 IP，保持小镇鲜明的独特性，融合文化与相关产业，突出文化旅游优势。此外，要保持小镇自然景观和人工特色景观的良好生态环境，提高自身吸引力，带动相关产业链发展，实现小镇振兴。

伟光汇通彝人古镇，位于云南楚雄市经济技术开发区，占地面积 3161 亩，总建筑面积 100 万平方米，项目始建于 2004 年，由伟光汇通集团总投资 32 亿元开发运营，是集商业、居住和文化旅游为一体的文化旅游项目。在古镇建设之初，集团就把彝族古镇定位为以古建筑为基础、以彝族文化为灵魂的古镇。同时，她也是一个充满着彝族人民热情的古镇，可以让游客感受到民族文化的彰显与传承。在建筑风格上，延续了江城原有的风格，再现了南宋的繁荣昌盛。古镇的建筑风格是云南、贵州、四川等地的彝族居住风格的集合。参照传统的彝族乡村建筑设计。在功能布局上，小镇包含了户外运动、体验娱乐、观光旅游、生态度假、康养度假、商业休闲 6 大文旅配套，是楚雄北部新城的精品项目和示范项目，亦被认为是伟光汇通在楚雄打造的健康生活目的地，是升级版的文旅小镇产品。

（三）乡村文化空间：美丽乡村的文化建设

在乡村振兴的战略背景下，通过新兴业态的积极探索和生态文化空间的优化布局，为美丽乡村的建设夯实基础。加强农村人居环境的改善，改善文化生态环境，构建有文化有特色有品位的美丽乡村，通过文化建设使得美丽乡村更凸显特色。首先，建设美丽乡村需要公共基础设施的持续建设和公共服务的不断投入，尤其是公共文化服务的投入与建设，将文明展示、文化保护和文化传承与美丽乡村建设有机结合在一起。其次，美丽乡村的建设还需要与其他城乡资源良性流动，城市的文化要素和资源也要流向乡村，与城市要素形成良性互动。最后，美丽乡村建设需要与乡村生态功能和系统的构建相一致，提高美丽乡村资源与环境的匹配度，最大化地治理和利用现有环境。

各地通过发展民宿，带动美丽乡村文化快速发展。例如，大理慢屋、莫干山原舍等。发展民宿的前提是乡村优美的环境与休闲轻松的氛围。各地民宿的发展基于当地政府的支持，引入大量的资本和公共设施服务投入，生态环境得到整治，民宿配套设施和服务不断提升，首先在外部环境上体现出"美丽"乡村。其次，各地为保障当地民宿独特性，发掘发展当地历史文化，展现特有的乡土风情，在建筑格局，装修模式，纪念品设计等方面融入当地文化特色，积极打造本土文化品牌，促进当地传统文化的保护与传承。伴随着民宿的不断发展，城市资本和人才也被大量引入乡村，为乡村振兴发展提供更新更好的思路和充足资金保证，促进乡村振兴和文化复兴。民宿建设发展过程中，城市人带来一定程度的示范作用，带动当地村民在生活习惯上等的改变，从而提高农村风貌，推动美丽乡村的精神文明建设。各地民宿呈现出的集群式发展模式还能带动相关配套系列的产业发展，从根本上为美丽乡村建设提供保障。

（四）乡村文化网络空间：文化服务设施的网络服务平台

供给侧改革是乡村振兴战略的实施要点，乡村文化网络空间的全面建设可以实现乡村文化供给和文化消费的有机连接，让乡村居民共享文化资源成果。在传统的文化建设中，主要是通过推进线下的文化馆、农家书屋、文化广场、健身广场等基础文化设施的建设。在信息经济快速发展的今天，要将互联网与乡村文化建设融合，为村民提供更多信息渠道发掘当地历史文化，用信息化手段对当地文化进行保护和传承，为乡村文化寻找创新突破口。同时，还能通过乡村线下的公共文化地标空间以及线上文化平台，形成积极与城市互动的有效平台。

乡村居民也要成为乡村振兴中的参与者，依托当地已经建成的综合文化站、电子阅览室等文化设施，积极推进"互联网＋文化乡村"文化发展模式，通过线上阅读等模式，提高当地村民文化素养。同时通过互联网展示文化创新模式，融合城市文化，形成城市乡村一体化的文化服务平台，促进乡村文化产业发展。借助于财政政策手段，构筑乡村的文化网络空间，形成网络文化服务平台，打破地理要素的隔阂，推动在线图书馆、美术馆、博物馆等网络资源向乡村流动和聚合。

五、结语

乡村振兴战略勾画了乡村发展的新蓝图，旨在解决新时代的主要矛盾，引领乡村产业融合发展，推动乡村文化进步。乡村振兴过程中，农业发展始终是乡村振兴中经济发展的原动力，形成优势互动和持续发展的产业结构是必须坚持的第一步。推进一、二和三产业之间多产业融合是乡村振兴持续推进的推动力，形成乡村农业与文化、旅游、教育、生态等要素融合发展，推动乡村地区经济价值、社会价值和文化价值的多价值实现。文化建设是支撑乡村振兴的发展基础，要长期致力于重构乡村文化，形成文化主导的乡村发展模式。生态保护和文明建设是构建有利于创业创新的乡村生态生产生活方式的保障。

此外，乡村振兴背景下的文化建设离不开机制、人才和资金的共同作用。第一，机制创新是乡村振兴战略中凸显文化建设作用的基础，农村改革的全面深化就是要通过灵活的机制设计来实现乡村振兴。在规划先行的前提下，打破机制壁垒，有目的地促进乡村市场渠道通畅，培育经营主体，形成乡村文化激励机制，激活乡村发展模式。第二，人才要素的投入直接关系着乡村振兴战略的实施效果，通过培养当地农民和引进外地人才的双重措施，鼓励更多的人员回到乡村创新创业，实现城乡人才互动融合，充分发挥文化人才在乡村振兴中的影响力和独特作用。第三，乡村振兴中的文化建设也需要不断引入资本要素，探索设立乡村文化基金的可能性，增加乡村文化建设投入，服务好乡村基础文化设施和网络文化实施的建设。打通资金链，充分利用金融杠杆，与产业链互通和合作，实现城乡文化一体化建设，促进区域合作，扩展产业融合，发挥文化基金的示范作用。

第三节　社会治理视域下农村公共文化服务供给模式分析

党的十八大以来，以习近平同志为核心的党中央高度重视基层治理。习近平总书记指出："基层强则国家强，基层安则天下安，必须抓好基层治理现代化这项基础性工作""要在加强基层基础工作、提高基层治理能力上下更大功夫"。在党中央坚强领导下，我国基层治理方式和手段不断创新，基层治理体系日益完善，基层治理能力不断增强，为成功防范化解各种风险挑战、统筹推进新冠疫情防控和经济社会发展、打赢脱贫攻坚战等提供了坚实支撑。党的二十大提出"完善社会治理体系"并作出部署。贯彻落实党的二十大精神，要完善基层社会治理体系，推动基层治理现代化，让社会既充满活力又拥有良好秩序。

从内涵上看，农村公共文化服务旨在满足农民精神层面的需求，是由政府、企业、社会团体以及个人共同参与的，通过向农民普及知识、传播文化等方式来保障农民群众文化权益的文化产品及服务的供给活动。目前，我国广大农村地区的公共文化服务主要是由政府垄断提供，这就使得在分配农村公共文化资源方面存在利用率低下、配置不均衡的问题，同时普遍来看，农村地区文化设施建设还比较滞后，区域发展不均衡现象明显。因此，这种由政府垄断的单一模式已经不能适应日益变化的农村公共文化服务的供给需求，需要寻求新的供给模式，就是在社会治理理念下采用多中心制度的模式服务于社会公共事务管理，也就是说让各类私人机构、个人及公共机构都共同参与到公共事务管理当中，使得社会全体都能够参与到公共问题的解决当中，使得公共问题能够通过公共部门与私人部门、政府与公民、国家与社会的协同合作得以解决。

一、农村公共文化服务供给模式的构成要素

所谓农村公共文化服务，其基本内涵是在农耕环境背景下，公共社会组织或文化部门为农村所提供的精神层面的公共文化服务，而这种服务一般是商业性或公益性的知识学习类活动或休闲娱乐活动。农村公共文化服务的供给模式涉及供给的主体、供给结构、供给方式、决策机制以及筹资渠道等多个方面，其运行高效与否与各方面的合理均衡有关，只有各个要素以及要素之间相互配合、相互协作，成为一个协调的整体，才能发挥出农村公共服务供给模式的效能。

（一）供给主体

农村公共文化服务的供给主体主要有：政府、社区集体、企业或私人、民间非营利性组织。在此四类供给主体当中，政府扮演着无可替代的重要角色，处于主导地位，但政府并不是唯一重要的主体，多元化的供给主体能够满足多层次、多样化的农村农民需求。政府的责任在于向农村提供市场供给无法满足的产品及公共服务；村集体组织的责任在于向村民提供与生活、生产息息相关的产品及公共服务，如修建村内的公路等；企业或私人则主要提供外部性不明显的准公共服务或产品，并充分发挥非政府组织角色作用。

（二）供给方式

农村文化公共服务的供给方式涉及农村公共文化服务的输出形式，主要分为三大类：其一、直接供给方式，主要由政府或集体提供，如医疗、义务教育等；其二、委托供给方式，主要是政府向私人委托，如能够收费的公共文化服务项目。这种委托方式主要是以托管、租赁、承包等方式，由政府委托给企业或私人，企业或私人则遵照合同或政府意图提供相应的公共文化服务。其三、政府补贴，这种方式主要是鼓励向农村提供产品或公共服务的企业与私人，一般以税收减免或补贴的形式开展。

（三）供给结构

农村公共文化服务的供给结构涉及公共文化供给的多个方面，包括供给的质量、数量以及城乡间的差异水平等，反映的是供给的内容满足需求的能力。农业机械、农田水利建设、农业科技、道路桥梁建设以及市场的供求关系等影响农民生活生产的公共服务，应处在优先供给的地位；满足少数群众精神文化需求的公共服务，如歌剧舞院、豪华公共设施等，应根据实际的经济膳况，尽量少供给或不供给。

（四）筹资渠道

支撑农村公共文化服务的筹资渠道主要包括三类：一是政府的财政资金，是当前最重要的资金菜源，可分为预算内和预算外渠道两种。前者主要通过税收的方式实现，后者则是根据当地的实际情况向企业和农民自筹、统筹；二是市场渠道，这种方式适用于可以收费的公共服务，由企业或私人提供；三是农村集体资金，资金的来源为农民的集资分摊，或村集体的积累资产。

（五）决策机制

农村公共文化服务供给的决策机制涉及供给相关的制度与规则，主要包括决策主体、决策程序、决策方法、权责分配以及相关的监督机制等等。

二、创新农村公共文化服务供给模式的意义

毋庸置疑，农村公共文化服务的有效供给能够破除农民保守思想，帮助农民尽快树立正确的思想理念，从而为社会主义新农村的发展提供内在动力。从这一角度看，创新农村公共文化服务供给模式意义重大。

第一，创新农村公共文化服务供给模式，有利于提高农村公共文化服务的工作效率。由政府垄断下的农村公共文化服务供给不仅经济效率低下，而且由于缺乏竞争，导致服务质量不高，对社会效益的实现影响较大。社会化的农村公共文化服务供给方式无论在结构上还是在组织形态上都与政府的科层制不同，它要求在服务供给运作时能够高效决策、灵活多样、主体地位平等，这就打破了政府公共文化服务的垄断地位，使得竞争机制引入到公共文化服务供给市场，也使得成本意识、效率意识等在农村公共文化服务供给中显现。

第二，创新农村公共文化服务供给模式，有利于提供多元化的公共文化服务供给。随着物质文化生活的极大丰富，农民在公共文化服务方面的需求也变得多元化。传统的服务供给决策，采取的是自上而下的方式，无法真正聆听用户的声音，从而无法提供给农民真正需要的服务。主体源于基层，对于农村基层的文化需求的结构、层次十分了解，并能够据此提供多层次、多样化的服务，以满足不同需求群体的需要，也使得农村公共文化服务更有效力、更有针对性。相较于单方的政府供给而言，社会化的供给方式更能够全方位地满足个性化、多元化的农村公共文化服务的需要，也能够弥补私人部门、政府在服务供给上的短板。

第三，创新农村公共文化服务供给模式，有利于在财政上缓解政府压力。公共文化服务的供给需要以充足的资金保障为支撑，但就此而言，政府财政只能有限度地进行投入。但是，这种日益增长的公共文化服务需求缺口却越来越大，政府财政已经难以满足当下的需求。通过整合社会资源，使得政府财政与社会资金都能够服务于公共文化服务，不仅能够降低服务成本，还能够弥补政府财力的不足。

第四，创新农村公共文化服务供给模式，有利于加快农村社会民主化进程。在农村公共文化服务社会化供给的进程中，政府的垄断力逐渐减少，政府原有的权力逐渐外放，这也是一种权力回归社会。在这样的社会化供给决策中，应该建立自下而上的需求采集方式，充分结合农民自身的实际需求，开展有针对性的农村公共文化服务。可见，农村公共文化服务供给的社会化能够促进农民与政府间的交流与沟通，提升农村社会民主化进程。

三、农村公共文化服务供给模式的构建路径

（一）推进农村公共服务供给主体的多元化参与

提供农村公共服务的主体层次不一，呈现动态多元结构态势。农民的需求随着我国经济的不断攀升而更加多样化，过去仅靠政府供给的模式已经过于落后，在市场经济条件下，政府的主要作用是组织和宏观调控，在市场竞争机制下实现资源的优化配置，进而确保农村公共服务供给渠道多元化。首先应对政府职能进行优化，以保证在农村公共服务职责明确。要将责任落实到具体的部门和个人，避免互相推诿、权责不明晰的现象发生。政府必须充分发挥其宏观调控性和权威性，使得农村公共服务的主体得到法律条文的制约，并在此基础上为农民提供切实的利益和服务。除此之外，政府还要细化农村公共服务，并且将基础公共服务作为根本出发点，而其他的将由市场或者社会组织来调解和供给。这样一来就有效避免了公共服务的过程中资金紧张、供给被迫中断的现象。其次在政府的调控下，市场和社会要突出各自的优点为社会提供更多的公共服务。政府还可以提供更多的福利来使得更多的公司和个人投入到农村公共服务中来，使其在做公益事业的同时，也能够获得一定的经济利润，这样的合作共赢会使得公共服务走上一个新的台阶。最后，政府应当加大组织力度，一旦出现了资金紧张、政策制约等情况，便能够在一定的范围内适当给予地政策的倾斜和扶持。同时，政府还可以进一步加大宣传教育，制造正确的舆论导向，以防止有人假借做慈善的目的来做非法的事。

（二）完善农村公共文化服务供给的科学决策

服务供给决策合理与否，将对农村公共文化供给服务的供给目标、市场效果产生重大影响。长久以来，我国农村公共文化服务的供给决策都是从上至下的，并不是先征集农民意见后再决策，而是直接由政府决策服务供给的数量、内容等，农民只能被动接受。这种方式完全没有考虑到农民的实际情况，很容易出现公共服务供给供应不足或者是过量的情况。做决策的时候一定要充分调动农民的主动性，让他们重视农村公共服务供给，并且愿意将自己的需求毫无保留地表达出来，帮助政府更为高效、准确地做出决策，这样的决策才更具科学性，才能更好地解决农民的实际难题。首先，要加强农民的民主意识、参与意识和主动性。农民在我国占据了大部分，但是由于收入低、文化素质低，很多时候总是被动接受，不懂得维护自己的合法权益，只是一味地服从和隐忍，不会将自己的愿望和诉求表达出来。只有创建有效的决策体系，帮助农民意识觉醒，懂得维护自己的合法权益，主动参与到活动中去，才能够争取到自己的权益，政府做决策时才能更加贴近民意，更加符合农民的实际需求。其次，创建农民参与农村公共服务的有效途径，使农民能够畅所欲言，表达诉求。现实中，农民是比较脆弱的，缺乏主动表达愿望和诉求的机会，也很少有人愿意倾听。因此要使农村公共服务真正做到为农民服务，当下最为重要的就是搭建有效的沟通平台和协同供给平台，让农民主动参与到决策中来，真正实现诉求。

（三）加强农村公共文化服务供给的资金保障

农村公共服务协同供给模式离不开充足的资金支持，必须构建有效的协同供给模式来确保资金充足，使公共服务发挥应有的作用。第一，政府必须加强资金扶持，在城乡资金投入上尽量缩小差距。

建国以来至今，我国采取了重工轻农，重城轻乡的政策，农村的建设和发展严重滞后。国家在资金的运用上，也更倾向于工业建设和城市规划，对农村和农业投入的过少，使得农村公共服务工程的支持力度非常有限，发展十分缓慢。要克服农村公共服务资金不足的难题，政府必须出面，利用各种政策和措施帮助农业复兴，从而使城乡发展趋于平衡，促进社会的和谐发展。第二，政府不仅要加大资金扶持力度，还要进一步吸引外资，寻找各种资金支持源。仅靠政府的财政支持远远不能振兴和发展农村公共服务事业，政府必须在宏观调控的基础上，鼓励更多的企业和个人投入到农村公共服务事业上，为其发展筹措更多的资金，吸引更多的人才。政府还要创造更多的条件帮助参与的企业和个人获得一定的经济利益，这样才能够使农村公共服务事业再上一个台阶。另外，政府还要积极引进协同筹资机制，发挥全社会的力量将大家凝聚起来，一起为公共服务事业做出应有的贡献。

（四）优化农村公共文化服务供给的监督管理

良性的农村公共服务供给离不开强有力的监督管理。整个供给系统运行能否有序、供给是否有效、供给目标能否完成等都与监督管理的效率息息相关。加强协同供给的监督管理力度是协同供给模式下提升供给方式的必要手段，可从如下两个方面着手：其一，在政府内部加强自我监督管理，确保农村公共服务的供给持续有效地开展。监督管理的法律法规是防范农村公共服务中官员腐败、寻租行为的重要手段，建立起完善的问责机制，使得涉事官员能够在角色服务方面自我监督与约束。其二，发挥政府主导作用，紧密联系其他供给主体，建立全民参与的民主监督管理机制。在农村公共服务供给过程中，需要密切监督的不仅是政府主体，还应包括其他的盈利组织及非营利组织，鼓励广大的农民群众参与到监督中，形成政府、社会、市场、大众等多元协同的监督管理机制。作为对公共服务供给最有发言权的农民群体，应重视农民在公共服务供给过程中的监督主体作用。另外，媒体监督、社会舆论监督也是新型的重要监督方式，对于规范公共服务各类供给主体行为，提升公共服务供给效率同样具有重大的实践意义。

第五章　生态振兴

第一节　美丽宜居乡村建设对农村生态经济发展的推动作用

党的十八大以来，习近平同志多次强调生态文明建设在实现中华民族永续发展中的重要作用，多次提出"绿水青山就是金山银山"。历史经验及社会发展要求我们不能再仅仅追求经济指数的增长，而是要在提高经济的同时做到尊重自然、顺应自然、保护自然，以绿色、和谐、可持续的发展方式提高人民的生活水平和质量，以文明和谐的科技方式推动社会进步与发展。我国"美丽宜居乡村"秉持绿色、和谐、可持续的发展目标和原则，为全面发展绿色生态的新农村经济持续散发着力量和光芒。

一、美丽宜居乡村政策下农村生态经济发展现状

党的二十大报告指出，加快建设农业强国，扎实推动乡村产业、人才、文化、生态、组织振兴。良好的生态环境是乡村振兴的基础和保障。新征程上，要发挥乡村的生态优势，积极推进乡村绿色发展，探索出一条生态赋能乡村振兴的新路径。随着美丽乡村建设的不断推进，美丽乡村建设的又增加了"科学规划布局美、村容整洁

环境美、创业增收生活美、乡风文明身心美"的目标要求，提出了要"全面建设宜居、宜业、宜游的美丽乡村"的新内容。要全面打造美丽宜居乡村建设，关注生态文明建设与发展是重中之重，"生态人居"、"生态环境"、"生态经济"、"生态文化"四大工程建设是建设美丽宜居乡村的关键，其中"生态经济"是推动美丽宜居乡村建设的重要动力，同时美丽宜居乡村建设也为"生态经济"的发展提供了许多重要的支撑和支持。

自新农村建设实施以来，农村生态经济得到了较快发展，许多学者对生态经济的发展模式做了深入探讨：范利芬对贵州省毕节市的农村生态经济发展模式进行了研究，认为西部高原中山区主要采用生态旅游模式、牧农结合模式和水土保持型模式；中部中山峡谷区主要采用生态旅游模式和农业观光模式；东南部中低山峰丛谷地丘原区主要采用农林牧复合生态模式和节水农业型模式；东北部丘原峡谷区主要采用生态沟模式和庭院生态经济模式。张俊等进一步研究了循环农业的发展模式，提出了"种植——养殖——沼气"发展模式以实现资源的综合利用。穆松林对北京山区生态经济发展模式的选择进行了研究，提出大石窝沟域地区适用"南北产业"功能分区发展路径、南窖沟域地区适用"立体现代农业"循环发展路径、川柏沟域地区村镇适用"政府＋企业＋村集体＋农户"发展路径、流村环形沟域地区适用保护生态环境带动旅游业发展的"环形生态系统？路径等共十个地区的不同经济发展模式。

由于生态经济发展的模式与不同地域的地质风貌、人文景观、经济水平等等因素息息相关，不同地区的发展形式各具特色，所以，因地制宜的发展模式对生态经济发展的可行性实施具有重要作用。

二、美丽宜居乡村建设对农村生态经济发展的促进作用

生态经济的发展离不开劳动力、自然环境、社会环境和科技的进步，美丽宜居乡村政策对农村生态经济发展起到了重要的推动作用。

（一）增加劳动力数量，提高劳动力质量

美丽宜居乡村建设促进了劳动力质量的提升。习近平同志多次强调："治贫先治愚，扶贫要先扶智。"美丽宜居乡村建设强调农村教育的重要性：(1) 农民在农村经济发展中既是推动者也是受益者，农民教育水平的高低直接决定了经济发展的健康水平。(2) 教育不仅仅体现在物质文化教育，也体现在精神文明和道德素质教育，精神文明建设是文化软实力的重要体现，普遍提高农民思想道德素质对更好地开展建设工作具有重要的推动作用。(3) 农民思想道德素质水平决定了其执行力与参与力的高低，科学文化水平的高低决定了其创造力和生产力的高低。因此农民科学文化素质教育与思想道德素质教育对农民更好地参与到农村生态经济的发展与建设中具有重要意义。自美丽宜居乡村建设实施以来，各地区纷纷提出了加强学校教育提高学生教育水平、加强培训教育提高成年农民教育水平的方法策略。如浙江省安吉县通过构建"美丽学校"从孩童时期巧抓教育；湖州师范学院党委书记刘剑虹通过团队调研强调加强农民教育培训的重要作用等。

（二）构造整洁自然环境，打造优越发展氛围

环境为经济提供了可以通过生产过程转化为消费品的原材料以及使这种转化得以顺利运行的能量，所以营造健康的自然环境应是一切活动的基础和核心。美丽宜居乡村建设过程中，自然环境的整治工作也取得了显著成效：(1) 使"水"更绿。水乃万物之源，也

是一个地域生态环境的指标。水资源要取之有度，用之有节，干净的水资源要加强防护，已经污染的水源要利用合理的技术科学治理，退还农村一汪清澈的水源，如浙江省笕川村的治水工程就取得了很好的效果。(2) 使"山"更青。绿水青山相辅相成，山上有丰富的矿质资源、植物资源和野生动物资源，要适度的开采山林，保护各种稀有物种，不能一味追求经济利益而破坏山林的自我恢复能力，如河北省迁西县就对"治山"工程做出了全面的工作部署。(3) 使"田"更美。一方面，由于农民劳动力外出严重，部分农田濒近荒芜；另一方面，农民滥打农药、滥用化肥等也使得农田的自然环境系统遭到了严重破坏，因此土地必须大力整治以发挥其强效的生产能力，如福建省大田县在美丽宜居乡村建设下打造了美丽的田园风光。(4) 使"废"更少。"脏乱差"一直影响着农村的形象，美丽乡村建设以来，家家配备垃圾桶，村村配备垃圾车，而且有效的环保宣传使得农民对废弃物品都能够较好地归置和处理，此外，农作物秸秆焚烧问题也得到了大幅度改善，以循环经济的模式加以利用，较好地解决了生活垃圾问题，如兰州市就开展了"十乡百村"农村环境整治工程等。(5) 合理规划布局。整洁不仅仅体现在洁净，也体现在整齐有序。新农村背景下，农村房舍整齐划一，更加体现了"村容整洁环境美"的要求。通过全面打造整洁优美的自然环境，让农民不再单纯地"靠山吃山，靠水吃水"，而是以优越的生态环境打造出"靠山、靠水、靠田吃天下"的全面生态经济模式。

（三）创建优质社会环境，提供便捷社会服务

社会环境是保障经济发展的重要构成部分，自美丽宜居乡村建设工程实施以来，村镇建设也拉动了社会各主体参与进来：(1) 政府积极发挥主导作用。政府根据调研结果；结合基层反应的问题，制

定各项制度与章程，积极引导社会发展走向和政策落实，从而保障美丽宜居乡村建设政策的顺利开展，并且不断完善和推进。(2) 企业积极响应政策号召。企业与科技相辅相成，搞发展、搞建设、有需求就会促进企业的不断进步。美丽宜居乡村建设政策一方面给企业的发展带来了更多机遇，另一方面也给企业提供了更多优惠政策，使得企业在响应国家号召的同时也得到了发展和进步。如借助美丽乡村政策成立的北京华夏美丽乡村开发建设有限公司，提出"以优质生态环境为依托、以农业资源为基础、以品质乡村旅游为引导"的发展目标，在响应政策的同时取得了发展和进步。(3) 人民群众积极参与。根据马斯洛需求理论，美丽宜居乡村建设政策下，随着农村经济的不断发展，农民收入不断提高，人们的需求也向更高层次迈进，需求的增长必将引起消费的增加，从而进一步推动农村经济的发展。

（四）提供高新科学技术，推动经济稳健发展

在农村建设过程中，科技对农村生态经济的发展起到了重要的推动作用。一方面，科技创新推动工程进步。以浙江省安吉县为例，该县每天需要处理的生活垃圾将近 600 吨，由于处置技术落后、垃圾转运系统不完善等多重原因导致垃圾不能及时处理，严重影响了该县的美丽乡村建设进程。为妥善处理该问题，政府、企业、科研机构联手打造了一款智能垃圾分类终端设备，很好地解决了废物处理这一问题。另一方面，科技创新推动经济发展。充分利用和配置农村资源对保护农村生态环境，发展农村生态经济具有重要作用，其中循环经济在该过程中发挥了重要价值。例如，"家畜—沼气—作物"和传统的桑基鱼塘等模式都是对资源的合理配置，在保护环境的同时也节约了生产成本，这是把科学技术运用到生产过程中的

最佳体现，而且该技术完全体现了绿色、生态的模式。

三、农村生态经济发展的优化策略

（一）加强教育工作，全面提高思想文化水平

教育问题一直是发展的决定性要素，科学技术的水平决定了经济实力的高低，思想素质决定了经济健康发展的持续性。针对农民教育问题，整个社会都应该为该项工作做出努力：(1) 政府应加大教育宣传工作，加强农民技术培训工作，加大教育投入和经费投入。如组织各大科研机构、大中型企业为农民提供技术指导，通过举办文艺汇演、宣传电影等方式对农民进行思想道德素质教育等。(2) 学校基础教育应全面提高教学质量，完善教育设施和教学条件，科研院所和高校可以经常深入农村做调研，一方面为研究提供科研数据，另一方面为农民提供可靠的、科学的生产技术指导。

（二）调整产业结构，全面发展农村经济模式

因地制宜是改革和发展的关键，要根据不同地域的自然、社会特征制定适合本地域发展的生态经济发展模式。(1) 发展生态工业。工业是第二产业的重要构成部分，我国沿海地区和苏南等地乡村工业的兴起和发展极大地促进了当地和我国的现代化进程。在美丽宜居乡村建设中，通过循环经济发展生态工业对推动农村经济发展具有重要意义。农村生态工业的发展常常会和农业生产密切结合起来，如从瓜豆种植到罐头制作销售，从葡萄生产到葡萄酒制作销售等，食品制作等轻工业可成为农村生态工业大力推广和发展的模式。(2) 发展生态农业。生态农业是建立在生态学、特别是农业生态学之上的实践活动，是发展农村生态经济的最主要模式。2002 年以来，农业部征集全国约 400 种生态农业模式，其中比较有代表性的有北

方"四位一体"生态模式、南方"猪—沼—果,生态模式等共十种类型,根据不同地区的特点,各地发展模式各具特色,如安徽合肥庐江县的"稻鸭共养"生态农业便开辟了一条致富之路。(3) 发展生态旅游。生态旅游是美丽宜居乡村建设过程中的一项重要成果,也是推动农村经济发展的一项重要内容。在美丽、绿色、宜居的前提下,利用自身地域优势发展旅游业,能够大幅度拉动当地经济,如农村餐饮消费、住宿消费等等,同时也有利于拉动农民工返乡,促进在农村招商引资。不过发展生态旅游也可能会给当地生态环境造成一定影响,目前我国生态旅游资源尚存在开发监管力度不足、旅游资源开发方式有待完善等问题,因此对农村生态旅游的开发一定要严格把控。

(三)充分把握机遇,全面调动社会力量

农村生态经济的发展需要依靠社会的各方面力量。要推动农村生态经济的可持续发展,一是要不断把握政策机遇。对农民自身来说,努力提高自身科学文化思想道德素质是打破贫穷的重要手段,同时能够及时了解国家或地方的各项政策,做到充分利用政策带来的机遇也是改变农民贫穷状态的重要方式。二是要督促政府做好主导工作。对于农村基础设施不足、农业技术跟不上、农业生产设备落后等各方面问题,农民要敢于向当地政府反映,同时党政人员也要严于律己,恪尽职守,牢牢把握"为人民服务"的思想,真真切切为人民群众排忧解难。例如,农民创业资金问题、农产品销售的渠道问题、农民生产的技术问题等,政府人员都要积极为农民创造条件,寻求解决之法。三是要善于学习和接受新文化。随着时代的发展,新科学、新技术、新文化也越来越多,农民应积极适应新时代的变化,敢于并勇于接受新知识、新文化,从而不断提高自身知

识和技术，以便更好地投身于经济建设中去。

第二节　绿色发展理念下农业生态补偿机制的优化分析

随着全球生态危机的加剧，各国在推进绿色发展与生态建设方面达成了共识，使农业生态补偿制度在世界范围内得到了广泛的关注，并在现代农业发展中发挥出日益关键的作用。改革开放以来，我国的农业经济得到了迅速的发展，但同时也遭遇了严峻的生态危机。习近平同志在党的十九大报告中指出："加快建立绿色生产和消费的法律制度和政策导向，建立健全绿色低碳循环发展的经济体系。"并提出"建立市场化、多元化生态补偿机制"的要求，为当前推进农业的可持续发展提供了科学的指引。目前，我国农业发展在资源利用与生态维护之间形成了一定的矛盾，农业环境污染及食品安全问题亟待解决。为此，需进一步落实绿色发展理念，优化农业生态补偿机制，着力推进绿色农业的深入发展。

一、绿色发展理念下优化农业生态补偿机制的现实意义

推进农业绿色发展的现实之需。切实贯彻创新、协调、绿色、开放、共享的发展理念是在新时代中着力破解发展难题的关键。其中，绿色发展理念对推进农业的可持续发展具有更加直接的作用。在当前资源束缚趋紧、环境污染加剧以及生态系统退化的背景下，人们对生态宜居、健康安全的生活环境提出了迫切的要求。此时优先发展绿色生态农业，完善农业生态补偿机制，有利于推进美丽中国的建设进程，以绿色农业带动绿色经济的发展。生态补偿是保护生态环境的一种经济激励手段，可在一定程度上优化我国现行的农业补偿结构，鼓励生态农业发展，提高农业生态系统的质量，有效

解决多年来农业发展中"重产出、轻生态"的问题，加快农业生产方式的深层次变革。

有助于进一步实现社会的公平正义，维护农村社会的稳定。在多年的城乡二元制背景下，我国农村地区的教育、医疗以及人才资源远不及城市，在一定程度上造成了部分农民的心理失衡，导致农民出现自卑心理和对资源不均的不满。因此，在全面推进生态文明建设的过程中，只有保障了农民的利益，才能使广大农民自愿发展生态农业，才能在不牺牲农民经济收益的情况下落实绿色发展理念。生态补偿在国际上又称作生态系统／环境服务付费 (PES)，是一种以经济调节生态及社会平衡的手段。从这一角度而言，发展绿色生态农业必然会提高农民的生产成本投入，而优化农业生态补偿机制，则可以使农民的绿色生产实践获得经济补偿，保护农民发展生态农业的劳动成果不被他人坐享其成。有利于使全社会共同为发展生态农业而积极努力，进一步从农业发展的角度实现新时代社会主义的公平正义，缓解农民在生产方式转型中的心理矛盾，保证农村社会的公平、稳定与和谐。

二、我国农业生态补偿机制建设中存在的主要问题

对绿色发展理念下农业生态补偿机制建设重视不足。每一种农业补偿机制的实施往往要经历复杂的研究和发展过程，并受到一定的时代条件和经济基础的影响。目前，全球性的生态危机已经对我国社会的发展形成了威胁，我国作为农业大国，积极发展生态农业可为化解世界生态危机做出积极贡献。然而，由于我国全面开展生态文明建设的时间较晚，部分农村地区的基层管理者与农业生产者尚且缺少生态意识，对农业生态补偿的诉求并不强烈。整体表现出对绿色发展理念认识不深，对农业生态补偿机制建设参与性和关注

度不高的问题，导致绿色发展理念下生态补偿机制的社会舆论没有形成，无法发挥出舆论及民意诉求对农业生态补偿机制的倒逼作用。

农业生态补偿法律体系不健全。目前，我国已拥有一系列与农业生态保护相关的法律和规范，如《农业法》、《农业清洁生产法》、《环境保护法》，以及《农业循环经济促进法》等，作为环境保护基本法的《环境保护法》虽然在一定程度上明确了生态补偿制度的重要性，但是并没有对生态补偿的具体内容做出明确的规定。现有法律法规整体来看比较笼统，可操作性有待提高。例如，企业向农村耕地、河流的非法排污问题，尽管拥有明确的法律制裁措施，但是污染主体对农民的生态补偿标准却缺少详细的规定。由于欠缺务实性、可操作性的细则以及地方专项法规的全局性不足，使相关法律法规对农业生态补偿对象、补偿范围、补偿标准、补偿形式等缺少具体规定。现有针对农业生态补偿的法律制度更倾向于原则性规定，在执法上缺少必要的强制性手段和措施，使农村生态执法难度加大，执法成果无法惠及农民本身。

农业生态补偿标准欠科学。相较于与美国、日本以及欧盟等发达国家在农业生态补偿方面的成熟体系，当前我国现行的农业生态补偿标准仍然缺少科学性。在制定补偿标准的过程中主要考虑的是经济利益，缺乏对生态利益与社会利益的兼顾，导致生态补偿标准失衡。地方部门在进行生态补偿的过程中遭遇制度困惑，在缺少科学制度的指导下，采用较低的标准进行生态补偿，使农业生态补偿在发展生态农业、推进乡村绿色发展的过程中所发挥的作用微乎其微。此外，我国地域辽阔，农业发展类型多样，生态补偿需求各异，在补偿标准的设计上必须要因地制宜。但整体来看，在制定生态补偿标准时，对目标地的具体资源环境、经济条件、社会状况等因素缺乏科学的评估，导致补偿标准设计针对性不足、操作性不强，无法充分保障农业生态补偿制度的合理性。

农业生态补偿方式单一。与美国、日本、欧盟等发达国家多样化补偿方式相比，我国农业环保补偿方式仍显单一。当前，我国的农业生态补偿方式主要以专项拨款、减免税收、支付补偿金或者转移支付等经济补偿形式为主，以农业基础建设、物资支持等物质补偿形式为辅，经济补偿占农业生态补偿的绝大部分，缺少技术教育和政策方面的多元化补偿方式。如在有机农业、循环农业、环保生产技术等方面尚缺少技术讲解，多种组合的灵活补偿机制尚没有建立。尽管经济补偿方式可使农民直接获得利益，但从长远的生态农业发展规划而言，教育和政策补偿也是不可或缺的农业生态补偿方式。

农业生态补偿的资金渠道狭窄。目前，国家财政支持是农业生态补偿的主要资金来源，然而国家财政补偿的力度比较有限，且地方政府的经济条件要受到区域经济水平的深层次影响，落后区域的地方财政在生态补偿方面能力不足。加之当前农业产业化的深入发展以及新农村建设的全面展开，农村建设的资金投入压力较大，政府财政支持尚不能充分满足农业生态补偿的资金需求，市场的作用也没有得到有效发挥。在当前的农业生态补偿中还缺少企业、国际组织、公益基金组织以及个人自发捐赠的辅助，导致农业生态补偿的资金渠道狭窄。此外，在农业生态补偿资金的利用方面缺少有效的跟踪式监督与监管，导致补偿资金中很大一部分用于集体管护，落实到具体区域或农牧渔民的生态补偿资金比较有限。导致生态补偿实践与制度脱节，无法有效地发挥出生态补偿在绿色发展中的激励与拉动作用。

三、优化我国农业生态补偿机制的实践措施

转变农业生产方式，保护农业农村生态环境是绿色发展理念下实现农村经济可持续发展的内在要求。当前，要坚持以问题为导向，优化我国农业生态补偿机制，进一步处理好农业经济发展、农村生态保护与农民增收之间的关系，以健全的生态补偿机制助推乡村振兴。

（一）以绿色发展理念引领生态补偿机制建设

坚持以绿色发展为实践引领。绿色发展是在充分把握我国生态文明建设新特征的基础上做出的科学设计，可有效指导当前我国的新农村建设，是发展绿色生态农业的重要思路主线。绿色发展理念的提出标志着我国迈进了生态化发展的新阶段，也预示着生态农业经济迎来了新的发展机遇。在农业现代化转型和升级的过程中，加大力度发展生态农业是实现乡村振兴的必然选择。因此，在农村生态补偿机制建设中，需坚持以绿色发展理念为思想基调，紧密围绕绿色发展的核心目标，认真学习和贯彻落实绿色发展理念，真正在思想上加强重视，在实践上提出行之有效的农村生态补偿决策。

加强制度的顶层设计，加快农业的绿色转型。科学的制度顶层设计有利于为农业生态补偿的实践提供具体的依据，为农业转型夯实强有力的制度支撑。需进一步围绕新发展理念，加快生态文明体制改革，在绿色金融、生态农业、生态系统保护监测以及市场化、多元化生态补偿机制方面加快制度创新，将绿色发展理念全面融入到农业农村发展的规划当中。坚持以绿色发展理念为指导，强化对农村生产企业生态破坏行为的制度约束，不断完善生态农业发展的实践细则，从而在思路上优先向绿色发展转变，走出一条集约化、规模化的绿色农业发展道路。

（二）因地制宜优化农业生态补偿的标准

农业生态补偿的标准设计与国家经济发展水平、生态环境质量、生态效益以及资源权属等密切相关。需立足区域农业发展现实，综合考虑我国各地区社会、自然、经济等因素，运用机会成本法、资源环境核算体系、绿色 CDP、收益损益等方法，对生态系统服务价值进行全面系统的科学研究，为农业生态补偿提供价值标准依据，进一步提升农业生态补偿标准设计的科学化水平。

要因地制宜地制定适合我国不同区域的差异化补偿标准，提高补偿资源的利用效率。农业生态补偿标准应以区域整体为单元、以农业生态服务价值为主要依据，综合考虑社会经济发展水平，确定不同的补偿等级，优先补偿环境保护重点区域和存在较大潜在生态风险的项目。在农业生产与水土资源匹配较好的地区，对有机农业和循环农业生产进行优先补贴。依据资源承载能力和环境容量标准，在农业资源过度利用地区及处在产业结构调整期的农业生产进行重点补贴。对环境污染问题较突出的地区，要对农村环境综合整治、重金属污染防治、化肥农药控源治理等项目加大补贴力度。在西北、内蒙等农业生态相对脆弱的地区，需进一步加大退耕还林还草、退牧还草、休牧禁牧等修复生态系统功能的项目补偿力度，从而制定出适宜区域农业可持续发展的农业生态补偿标准。此外，要充分了解农民对生态补偿的差异性诉求，使农业生态补偿标准得到灵活、科学的设计。

（三）完善农业生态补偿法制体系

加强立法，巩固农业生态环境补偿的法制支撑。积极学习和理性借鉴发达国家和地区的农业生态补偿经验，结合我国的基本国情和生态农业发展的现实条件，对农业生态补偿目标、补偿范围、补偿标准以及补偿方式等做出明确的法律规定，全力推进农业生态补偿制度的法制化。健全生态农业发展的配套法规和制度，将绿色发展全面纳入到农村生态法制化进程中，进一步实现中央法规与地方专项法规的和谐统一。对现代农业发展中的有机农业、循环农业等环境友好型农业进行重点立法，完善农村生态治理及补偿的法律依据。

强化农村生态执法和监督力度。在依法推进农村生态补偿的实践过程中，真正做到执法必严和违法必究，坚持"谁受益，谁补偿"的原则，在执法环节彰显农村生态治理相关法律法规的公信力与价值。农业部门、基层组织以及生态农业企业要共同为生态补偿立法与执法提供真实的参考信息，全面提升农村生态治理的执法效率。以法律的形式确立生态农业发展中的公民参与机制，依法保障农民的知情权、参与权与监督权，使农民积极监督乡镇企业和基层政府的生态实践行为，提高农民参与农业生态保护的积极性。此外，要还进一步优化农业生态补偿评估及评价标准体系，对农业生态保护的效果进行科学、全面地评估，全过程监督补偿资金的利用情况。依法对达到环境保护、节能减排和有机农业生产指标的农民发放足额补贴款，对违规发放、不充分发放以及造成补偿资金流失的个人及单位进行依法惩处。

（四）拓宽农业生态补偿的资金筹措渠道

充足的资金是有序进行农业生态补偿的基本条件，在当前政府财政能力有限的情况下，要整合多元化的社会力量。通过政府财政的引导性投入，鼓励企业、基金组织、公益组织以及具备一定经济实力的个人志愿者，加强对农业生态补偿资金的帮扶和捐赠。使公益组织、非盈利组织以及有社会责任、生态责任的多元化主体力量得到整合，多渠道筹措农业生态补偿资金，满足农村生态治理及生态农业发展性的资金需求。此外，可尝试通过引进国际资金、资产证券化等途径进一步拓宽生态补偿资金来源。建立农业生态补偿的交易市场，运用市场手段调节农业生态产品供需和价格，逐步建立农业生态的市场补偿机制，拓宽农业生态补偿筹资渠道。

完善农业生态补偿的横向转移支付制度。目前，我国区域间的农业生态补偿机制还不成熟，跨区域补偿在资金管理上还不完善，需要进一步完善农业生态补偿的横向转移支付制度，使跨区域农业生态补偿走上正轨。生态补偿横向转移支付可以有效降低交易成本，起到信息激励、提高经济效益以及充分实现生态补偿资金价值的作用。

（五）加快农业生态补偿方式的创新

突破单一的经济补偿模式，实现农业生态补偿方式的多元化发展。实施农村生态补偿仅靠经济补偿是远远不够的，政府既要重视宏观调控，体现市场对农业生态补偿的作用，同时还需要兼顾农业生态补偿在教育、政策、人力资源等多方面的补偿需求，并结合不同的项目进行因地制宜的补偿。如对农业节能减排项目、农村环境综合整治项目、退耕还林还草、退牧还草等项目和从事环境友好型农业的企业和个体实行政策补偿，对利用先进农业基础设施的生产者进行物质补偿。对迫切需要生态农业技术的区域增加教育补偿、智力补偿及技术补偿。在具体实施补偿措施时，需组合利用多种补偿方式，以适应农村区域资源和社会经济发展的现实情况。要与时俱进地把握现代农业发展中补偿主体、补偿对象和补偿环境的新变化，从而提升农业生态补偿的实效性，促进农村生态环境保护和绿色生态农业的科学发展。

综上所述，在绿色发展理念下，优化农业生态补偿机制对推进生态农业发展、实现乡村振兴、维护社会公平与稳定具有重要意义。当前，我国农业生态补偿机制尚不够完善，在补偿标准、方式以及资金筹措渠道等多方面仍需进一步改进。因此，要全面贯彻绿色发展理念，多管齐下创新农业生态补偿机制，从而实现农业经济发展、生态环境保护以及提升农民收益的和谐统一。

第三节 突破沿线融合困境，进一步发挥大运河百里画廊战略牵引作用

大运河百里画廊是淮安市深入贯彻落实大运河文化带建设国家战略的引领性工程，也是提升淮安全域发展质量的"枢纽"，能有效串联起"伟人故里、运河之都、美食之都、文化名城"四张文化名片，对于淮安十四五时期放大文化特色优势具有"穿针引线"的重要作用。放大大运河百里画廊战略牵引作用，进而最大化地激发大运河百里画廊的经济社会效益，突破融合协作困境势在必行。

一、大运河百里画廊沿线融合已具备雄厚基础，战略牵引作用日益增加

大运河百里画廊东起淮安船闸，经里运河、京杭运河至五河口，向南经二河、洪泽湖大堤、蒋坝、马坝、官滩至老子山镇龟山村，沿线水域长约125公里，重点规划范围为沿线涉及的街道、镇、村辖区。在充分调研沿线地域人文特征的基础上，淮安市精心绘制了"淮上四卷"——"如意安澜"、"泱泱治水"、"传世古堰"、"湖山胜境"。大运河百里画廊四卷风景各有千秋，沿线涉及的街道、镇、村辖区文旅产城资源丰富既有特色又能串联成一个整体。

　　一是围绕生态基底，进一步扮靓了大运河百里画廊"颜值"。淮安市高度重视运河生态保护与百里画廊建设相互融合、互相促进的关系，围绕做好"绿文章"，实施"增绿补绿建绿"行动，如淮安区启动城市绿肺公园设计，加大主要干道、城市河道以及运河沿线绿化提升力度，高质量建成铁云路西侧百亩城市游园，大力推进荷湖公园、大型生态停车场、里运河三期慢行系统建设，提标改造纪念馆西侧游园，按照"搬、拆、绿"思路强化北门大街工艺品厂周边环境整治，有序推进荷湖、勺湖、桃花垠周边环境提升，推动城区"透水增绿"，提升城市生态系统功能。深入实施大运河沿线"263"专项行动，开展岸坡整治、水系沟通和生态修复，扎实推进农村生态河道建设，"生态画廊"的格局已经形成。绿水、青山、虫鸣、鸟叫等都是百里画廊沿线融合发展的生态基础，大运河百里画廊的生态颜值进一步扮靓。

　　二是突出文化根脉，进一步彰显了大运河百里画廊内涵。以百里画廊建设为抓手，推动运河文化创造性转化、创新性发展，更好地彰显运河文化的丰富内涵和现实价值。比如，石塔湖片区城市更新项目计划总投资37.5亿元，片区以周恩来童年读书处旧址为核心，周边覆盖"一河两湖"滨水资源，通过综合性实施保护传承、优化改造、建新提升三类更新，勾勒里运河沿线"城市天际线"，打造清心舒朗、具有江淮风格的城市民居样板区。再比如，淮安区全力打造全国青少年思政教育实践基地，发挥基地的载体作用，展示宣扬新安旅行团的革命精神，放大"全国青少年思政教育看淮安"的品牌影响力，彰显历史文化名城的新时代精神风貌。"人文画廊"概念已逐步清晰，具有淮安地域特色的历史人文因素尽在其中。

　　三是培厚产业基础，进一步激发了大运河百里画廊活力。淮安市坚持"产、城、人"融合发展的思路，努力将百里画廊打造成具有经济、旅游、富民等多重功能的综合性长廊。一方面加快推动产业转型。比如，淮安区重点补齐文化旅游产业承载能级不足的短板，大力推进萧湖国际旅游度假区等重点项目，加大景区道路、停车场、游客服务中心、智慧旅游等旅游基础设施建设提升力度，增强旅游综合服务功能和游客体验。持续打造"河下古镇夜市嘉年华""万丰小吃文化节"等品牌节庆，进一步提升淮安区文化旅游影响力、吸引力。另一方面，把大运河百里画廊作为全域旅游发展的"黄金纽带"，全面打通资源要素在城乡间自由流动的通道，加快沿线镇街全域融合发展和新型城镇化建设。比如，洪泽区借华强方特东方欲晓开园、348省道洪泽段工程、洪三路升级改造项目顺利完成等契机，推出方特（洪泽）至蒋坝镇旅游专线，并通过旅游联票、活动联办等措施导入方特人流，全力打造"游玩方特 食住蒋坝"文旅品牌，推进大杨庄等民宿产业升级、壮大发展。"富民画廊"的产业资源正在集聚，城乡要素自由流动壁垒正在不断突破，以项目为抓手的产业融合发展正在规划下有序进行。

四是树牢民本理念，进一步提升了百里画廊温度。淮安市把增进群众福祉、回应群众期待作为重要的出发点和落脚点，让广大群众在百里画廊建设中都能有更强的获得感、幸福感。比如，"南部新城"以国信工业园为中心，围绕增强发展承载功能，加速完善高品质教育、医疗、卫生、养老等民生服务保障配套，更好满足园区及周边群众生活需求，为片区发展注入新的活力。提升城市品质形象，如淮安区推进5个棚户区和35个老旧小区改造，加快水电气等老旧管网更新，抓好易涝片区、破损路面等改造，加大无障碍设施、公共健身设施等建设力度，打造"5分钟健身圈""15分钟生活圈"。"宜居画廊"正在百姓的口碑中不断得到验证，绿城宜居的形象逐渐走进百姓心中。

二、新形势新任务需要进一步突破大运河百里画廊沿线融合发展困境

大运河百里画廊是联动全局的大计，是淮安现代化建设的基础性工程。"四幅画卷"的建设已为沿线涉及的街道、镇、村辖区生态文明、产业升级、文旅发展、交通水利、乡村振兴等方面的效益展现奠定了基础，但新形势新任务需要我们进一步实现生态、人文、产业、治理等资源的优化整合，加强沿线协作，突破大运河百里画廊沿线融合发展困境，实现大运河百里画廊经济社会最大效益。当前，大运河百里画廊沿线融合发展存在四重困境：

一是"复制文化"，历史文化资源挖掘深度不够。在调研中，"复制文化"成为沿线涉及的街道、镇、村辖区乡村旅游建设的一阵风。大运河百里画廊沿线区域大部分的乡村旅游或休闲农业都基本呈现同质化的问题。比如，农家乐几乎都是简单的餐饮、棋牌、钓鱼。观光、体验方面也几乎雷同，不能体现地方特色农业和文化。沿线不同的水景观、果园、菜园、民宿、民俗展示等，发展千篇一律，而核心的魂、自身的特色、差异化竞争在建设过程中鲜有挖掘。没有深度的地方历史文化资源的挖掘就很难有独特的产业，沿线街道、镇、村辖区从空心化到回归，最终依旧走向空心，如何在深度挖掘历史文化资源的基础上发展产业、留住劳动力、升级特色、打造独一无二的沿线融合发展体系，是高质量推进大运河百里画廊沿线融合发展的核心。

二是"养在深闺人未识"，片面追求建设而忽略宣传推广。大运河百里画廊发展步伐不断加码，沿线文旅发展的基础设施与配套服务日益完善，沿线地方面貌也日新月异，但是游客量却未曾增加，除了本身项目建设进度的原因，很重要的一方面在于"四大画卷"项目建设如火如荼进行，在专注于项目建设的同时对宣传推广工作

的重视程度不够，大运河百里画廊及沿线许多景区尚处于"养在深闺人未识"的状态，迫切需要深入挖掘特色与亮点，并以此为名片进行重点宣传与推介，为游客带来"不得不来、必须要来"的极致体验。另一方面，"四幅画卷"逐渐展现，沿线很多特色景观如珍珠般逐渐汇聚到百里画廊这串项链上，但是效用和功能还仅局限在生态景观上，尚未和产业、人文、治理等方面深入融合。

三是"九龙治水"，缺乏沿线地方协作。大运河百里画廊沿线融合发展是一项系统且艰巨的工程，需要沿线地方各级之间深度协作，而不是"九龙治水"，各管一段。在建设的标准、进度、差异度等方面需要统筹把控，各自突出特色，防止出现同质化竞争。同样在发展沿线的文旅项目时，需要整合沿线的文旅资源，制作一整条线路的宣传推广方案、票价方案、治理方案，需要市级统筹，沿线地方加深合作。

四是乡村"原味不够"，沿线融合发展需要将村民纳入其中。乡村的原味不只是自然风光，更要融入乡村的生产、生活、淳朴风俗，以及社会治理方式。尤其是传统的宗族、家族，包括今天的村民自治、村规民约等等。这些原味都是乡村的现实，不需要刻意去打造。大运河百里画廊沿线的开发及融合是要提高农民收入，让农民得到实实在在的实惠。因此，要让农民当家做主，把乡村旅游项目当作自己的，他们才会珍惜、有干劲，才会主动去维护大运河百里画廊沿线路段的形象。

三、高质量推进大运河百里画廊沿线融合发展的几点对策

一要坚持科学构图布局，协力扫好"门前雪"。规划如同国画绘画中的布局，规划水平直接影响大运河百里画廊的价值。第一，由市大运河办牵头，将大运河百里画廊沿线涉及的街道、镇、村辖区

规划范围有重叠、关联度较强的系列规划方案汇集起来，交由省城规院进行系统研究分析，按照"多规合一"的要求，实现大运河百里画廊沿线规划与国土空间规划、大运河文化保护传承利用实施规划、历史文化名城保护规划、江苏美丽中轴淮安行动规划、乡村振兴规划、旅游发展规划等的有机衔接和整体协调。第二，由市文旅集团、市文旅局牵头，对沿线涉及的街道、镇、村辖区申报的文旅康养项目发展进行系统梳理，指导运作，提前谋划并考虑项目运营、形象宣传、品牌营销、市场预期等工作，设定主力业态、配套设施规模和配置，提高规划的可操作性，确保项目的生命力，实现项目投入、土地利用与收益成效的有效兼顾。第三，由市农业农村局牵头，对沿线涉及的街道、镇、村辖区申报的农业产业项目进行归口管理，指导差异化运作，防止"稻米扎堆"、"螃蟹扎堆"的同质化竞争现象。第四，由市党史办、市地方志部门专家组成"沿线地方历史文化资源挖掘"工作组加强对大运河百里画廊沿线地方历史文化资源的挖掘。对大运河百里画廊全线各类文物、非物质文化遗产、古镇古村古建筑进行全面调查造册，实行重点保护和差别化开发利用，保持历史的真实性、风貌的完整性和功能的延续性。深入挖掘大运河百里画廊沿线河工文化、漕运文化、红色文化、名人文化、美食文化、风俗文化等特色文化资源，进一步梳理文化脉络，通过建设一批文化旅游项目等方式彰显和活化利用价值。

二是注重全媒体宣传，组合打好百里画廊"营销牌"。数字经济时代，全媒体宣传和营销是王道。要想大运河百里画廊品牌走出淮安、走向全国、走入世界，必须重视全媒体宣传和营销，组合打好百里画廊"营销牌"。第一，找准百里画廊的差异化定位。放眼全国，生态文旅项目数之不尽，百里画廊及沿线项目如何能脱颖而出？在人口老龄化日趋显现的今天，淮安立志成为长三角北部现代化中心城市，那么在文旅康养项目上可以承接长三角经济圈、成渝经济圈、京津冀经济圈的中高产家庭康养的"后花园"，普通市民文旅的"新天地"。要全面启动全域旅游示范市创建，强化西游乐园、华强方特等重大文旅项目的跟踪指导，积极对接文化行业头部企业，增强资源整合、策划营销、平台建设，将"山阳医派"康养理念融入文旅项目中，不断提升淮安文化产业规模层次和效益。第二，培养和选拔高质量营销人才。高质量营销人才是大运河百里画廊走进千家万户的关键，在百里画廊相关部门和单位选拔高质量营销人才，同时公开招聘高薪聘请社会高质量的营销人才，产品好不好，卖得出去才是第一步。第三，在全媒体上讲好百里画廊的故事。与央视、东方卫视、人民日报等重量级国家级的媒体加强合作，借鉴"李子柒"、"东方甄选"爆红的经验，讲好百里画廊的故事。

三是加强沿线地方协作，唱好百里画廊沿线"大合奏"。高质量推进大运河百里画廊沿线融合发展离不开治理的融合，"九龙治水"注定无法完成沿线融合发展的政治使命，必须加强沿线路段和城市的深度协作，围绕大运河百里画廊高质量发展探索沿线融合治理新路径、新模式、新机制，切实提升大运河百里画廊沿线公共空间治理水平和治理能力。第一，加强沿线地方和部门的联动治理。提升沿线路段环境面貌，加强河道疏浚连通和水体生态修复，扩大绿化种植面积，"提靓"水系空间，搭建绿色休闲平台。沿线路段相关部门各负其责、各尽其责发展好本线段的项目，做好本线段建设的相关工作的同时，还要密切联系其他路段相关项目和工作，将本线段的项目建设的功效发挥到最大。优化沿线治理的体制机制，对于景区的管理、生态的治理等应该适用同一套规则。第二，重点聚焦提质增效，系统盘活沿线闲置资产。对大运河百里画廊沿线地方的人文、生态景观等现有资产进行清点和深度分析，对闲置集体土地、闲置项目等进行整合统筹，自上而下推动空间资源综合利用、资产优化配置。

　　四是突出"乡村本味"，画好百姓共谋发展的"同心圆"。一幅画最终价值的实现是要有更多的人去欣赏，让看的人去评判，而不是束之高阁，孤芳自赏。同样，衡量大运河百里画廊沿线融合发展得成不成功，关键要看本地的百姓口碑、外来的游客的体验。第一，沿线街道、镇、村辖区在文旅产城项目打造中要最大可能地保留当地"原汁原味"。广泛征求当地百姓的意见，就地征工，以项目为抓手，将越来越多的当地群众融入百里画廊共谋发展的"同心圆"中，打造真正属于且符合地方特色和百姓需求的项目，同时带动当地就业和产业发展。第二，畅通沿线城乡要素双向流动。不能出现"乡下进城，城里人入不了乡"的局面，加快完善城乡统一要素市场，打通城乡资源自由流动的通道，统筹、整合、利用城乡的优势资源。通过加大促进城乡融合发展的制度与政策供给，不断促进城乡基本公共服务均等化和投资环境、生态环境、市场环境、法治环境的不断优化，为城乡要素自由流动、平等交换提供基础支撑和保障。比如，大力实施道路通达工程，统筹好洪泽湖周边滞洪区水利工程与县乡通达工程的无缝衔接。再比如，进一步打通蒋坝特色小镇、古堰风景区等之间的交通、人文壁垒，实现消费互联共通，畅通城乡要素流动。

第六章　组织振兴

第一节　困境与出路：农村基层党建高质量发展路径探索

高质量推进全面乡村振兴是解决"三农"问题，全面激活乡村发展新活力的重大举措，是加快推进农业乡村现代化，实现乡村人民美好生活的重大战略，也是农村人民奔向共同富裕的必由之路。高质量推进全面乡村振兴的关键在于牢牢抓住农村基层党建的"牛鼻子"，夯实党在农村的执政基础，提升党在农村的执政能力，实现基层党建的高质量发展。

一、农村基层党建工作面临的三种形势

当前，我国农村基层党组织建设面临以下新形势：一是全面推进乡村振兴战略的实施意味着农村社会转型的推进。这个过程无疑会对农村的经济、社会、文化等方面产生影响，而外部环境的变化又不可避免地影响到农村基层党组织建设。农村基层党组织是党和国家在农村工作的核心，直接关系到党执政地位的巩固与否。二是农村基层党组织面临全面而彻底的改革，实现从管理向服务职能的彻底转变。作为农村工作的组织核心，农村党组织职能一定要从领

导与管理向支持与服务方面转变，切实减少强制性的行政命令及行政干预，注意引导与宏观调控，顺应市场发展规律，才能调动广大干部群众干事的积极性与主观能动性。三是我国农村基层党组织必须突出能力建设。不断提升党员干部的能力与素质，加强党性修养，使之适应当前农村新形势发展的需要，从而提升服务能力及具体解决问题的能力。

二、农村基层党建工作面临的四重困境

（一）农村基层党员干部的素质与能力较弱

充分发挥农村基层党组织领导核心作用，离不开农村基层党员干部本身的素质与能力。当下一些农村基层党员干部缺乏良好的素质与较强的能力，严重影响领导核心作用的发挥。主要表现为：一是高质量党建班子创建难。农村劳动力大量转移，优秀农村青年大量外出，另外，受不良风气和经济利益驱动，农村一线的青年农民政治思想退化，不积极向党组织靠拢，有的村甚至难以找到合适的党员发展对象。一些农村党支部长时间不能发展新党员，发展缓慢，农村换届选举时缺少合适的人才担当重任。此外，农村党支部没有核心，凝聚力不足，内部状态瘫痪或者半瘫痪，致使农村基层党建工作难以正常开展。二是基层党建人才整体素质偏低。一些农村基层干部的整体素质不能适应新形势下社会发展的新要求，思想观念老旧，跟不上时代的变化，对党和国家的现行政策缺乏了解，文化理论水平低下，缺乏创新拼搏精神。三是基层党建人才"为人民服务"的意识薄弱。

（二）农村基层党员干部工作积极性较低

目前农村基层干部队伍主流是好的，对待工作是积极向上的。

但是，面对新形势、新任务的要求和新问题、新矛盾的挑战，一些农村基层干部不同程度地出现了工作积极性不高的问题。主要表现为：一是精神状态欠佳，缺乏是非判断能力。对自我要求放松，政治意识弱化、进取精神淡化、理想信念丧失、精神萎靡不振；怕工作难、生活苦、待遇低，缺乏工作热情。得过且过，不求工作进步，只求相安无事。二是工作作风不实，缺乏高效办事能力。缺乏敬业意识和奉献精神，作风不深入、工作不踏实，说一套、做一套，心思不在工作上。在实际工作和联系群众时，习惯于传话开会、安排部署，一旦遇到困难和问题，能推则推、能躲则躲、能拖则拖，以致小困难变成大困难、小问题积累成大问题、小矛盾激化成大矛盾。三是宗旨意识不强，缺乏服务群众自己能力。执政为民观念淡薄、服务群众的意识不强，总抱怨工作太杂、责任太重、任务过多、压力过大，想问题、办事情、做决策，考虑自己的多，顾及群众的少。

（三）农村基层队伍建设教育与管理较滞后

一些农村基层党组织跟不上新形势和新任务的发展要求，把队伍建设教育活动等同于读理论书、念党报党刊、学会议精神，形势单一，内容枯燥，甚至一年仅在"七一"时开个会，内容也仅仅是党员交党费，其余时间没有任何活动，导致农村党员对新生事物、观点、现象，不知所措，理想信念发生动摇，党性修养弱化；一些农村基层党组织在对农村党员进行实用技术培训时，不够系统深入，针对性不强，满足不了新形势下党员求"知"、求"富"的实际需求。另外，很多农村党员已经从纯农业生产与单一的集体经营中分离出来，难以实现按时交纳党费和面对面的民主生活会等要求。农村基层党员集体活动难以开展，时间难以集中，人员难以到齐。党员干部之间思想不一致，沟通困难，党内生活制度难以落实，流于形式，致使党支部和党员出现思想断层，难以落实党员教育与管理工作。

（四）农村流动党员管理方式没有适应其自身特点

传统的党建工作模式中工作运行指令化、工作关系单向化、工作形式简单化的状况已不能适应新形势、新任务的要求，外出流动党员教育管理工作中存在的矛盾问题尤为突出，农村流动党员管理方式与其自身特点不相适应。主要表现为：一认识不到位，教育管理存在"空白点"。一些农村基层党组织对外出流动党员管理教育的重要性与紧迫性认识不足，在行动上自觉或不自觉地表现出轻视和忽视流动党员教育管理的倾向。二组织设置较滞后，工作机制存在"薄弱点"。乡镇统一管理流动党员，但是其党员组织设置方式已经无法适新形势下流动党员跨地区与频繁流动的需要。一些农村基层党组织相应的工作机制不完善，很难掌握农民工流出地、流入地的思想状况与行为表现等，导致党员没有找到合适的平台发挥其先锋模范作用，也难以为农民工党员的基本权利提供保障，影响了党组织的凝聚力。三管理理念较传统，管理内容存在"遗漏点"。重视管理和义务，轻视服务与权利，仅仅强调对党员的监督与管理工作，而党员的服务与权利没有很好地为其提供保障。四形势手段较单一，教育工作缺少"着力点"。外出流动党员走南闯北，接受新鲜事物多，思想观念和思维方式的转变较快，教育需求多种多样。

三、农村基层党组织高质量发展的四条出路

（一）加强培训，提高农村基层党员干部的能力

一是丰富农村基层党员干部培训内容。以经济管理、法律政策、中央会议精神等知识为主要培训内容，提高党员干部与中央保持一

致，以及抓发展、谋发展、服务发展等方面的意识与能力。培训方式选择传统讲座、结构化研讨、情景模拟、专家辅导和专题培训班等等。二是积极探索长效培训机制。保证充分发挥其在基层的先锋模范作用。因此，务必做好相关的培训工作，发挥广大农村中村级公共服务中心的远程教育网络、农民夜校、农民书屋的作用，加强农村实用技术与法律政策教育，提高科技、政治与文明素质，促使他们成为有利于社会主义新农村建设的新型农民。三是教育、培训应注意因人施教，突出实效性。根据农村党员队伍素质的差异，采取菜单式培训方式。对思想守旧，无开拓创新精神的农民党员采取集中办班、实地参观、现场示范等形式，用新技术带来的可观效益促其解放思想，增长见识；对科技素质低，缺乏致富本领的农民党员有计划地进行市场经济知识和实用技术培训，增强致富本领；对头脑灵活、率先致富的青年党员，充分利用合作社（协会）示范基地优势，结合远程教育手段，开展教育培训，提高党员致富技能、政策法规和经营管理能力。

（二）优化环境，提高农村基层党员干部的工作积极性

一是优化政治环境。农村的基层党组织是农村经济社会发展的核心领导者，是各项政策最终执行的先驱领导组织。要站在巩固党在农村基层执政基础的战略高度，充分认识新形势下全面提高农村基层干部工作积极性的现实意义，确保农村基层干部队伍保持稳定的积极性。二是优化舆论环境。新闻宣传要发挥在农村基层党建工作中的重要作用，就必须充分认识坚持正确舆论导向的必要性和重要性，不断提高舆论引导能力，着力营造良好的舆论环境。充分利用新闻媒介，积极引导文艺作品，多形式、全方位、多层次发掘和宣传农村基层干部中的典型事例，正确宣传和评价乡村干部的工作，

树立形象、维护尊严、尊重人格、体谅甘苦、支持工作，促进全社会形成尊重、理解、信任、关心农村基层干部的舆论氛围。三是优化工作环境。在良好工作环境里，更好地激发其工作热情，继而有效地开展工作。要充分理解、高度重视、热情支持、关心爱护农村基层干部，注重从人、财、物等方面向农村、基层倾斜，从根本上保护和调动农村基层干部的工作积极性。

（三）完善机制，提高农村基层党组织领导班子的整体水平

一是健全完善选拔培训机制。大力纠正选人用人的不正之风，规范农村基层干部选拔程序，不断拓宽农村干部选拔渠道，开展形式多样的教育培训，提高他们的政策理论素养、民主法制观念、依法办事能力和领导艺术水平。二是健全完善管理监督机制。要结合本地实际，制定并实施严格科学的目标管理细则和行之有效的绩效考核办法，充分调动农村基层干部的工作积极性和主观能动性。重点完善落实党务、村务公开制度，将农村干部完全置于群众的监督中，想事干事，谋求发展。三是健全完善激励保障机制。要解决农村基层干部，特别是村组干部"做有所获、干有所得、退有所享、老有所养"的问题，充分体现党和政府对农村基层干部的关怀，不断激发工作热情，激励吸引更多返乡学生、退伍军人、致富能人、务工创业优务人才加入到农村基层干部行列，全面改善农村基层干部的年龄结构、知识结构，为农村基层干部队伍注入新的生机和活力。四是建立激励、关怀与帮扶机制，特别是对老党员和困难党员以及基层干部多给予关怀与爱护，增强农村基层党组织的凝聚力。同时，还要为他们的基本权利提供保障。

（四）创新管理制度，提高农村基层党组织服务流动党员的能力

一是对农村外出流动就业的党员农村基层党组织组织上门送学。

流出地的农村基层党组织应要求流动党员随时与本组织保持联系，同时，也要主动联系他们，建立和完善党员外出登记、汇报、联络、培训和民主评议等制度。加快流动党员信息库的建设，提高对流动党员信息的数字化管理水平，提高流动党员信息库的联网层级、覆盖率和更新频率，随时掌握党员流动状况。此外，农村基层党组织应该坚持主动上门辅导、宣传教育，做好调查摸底，掌握其思想动态。二是开展实施集中培训。利用流动党员节假日返乡的时机，集中时间，集中人员，开展党员集体活动。采取专家授课、领导报告、党员自学、党员交流等多种形式，进行集中培训。三是开展远程教育。开办流动党员网上党校，设立流动党员学习专栏。保证进城务工等流动党员工作之余在网上党校继续学习党的理论方针政策以及党的重要会议精神，同时与党组织保持密切联系。四是建立联系制度，农村基层党组织主动联系流入地党组织，建立流出地与流入地党组织定期联系的制度，使流动党员不论走到哪里都能找到"家"。

第二节　以中国式现代化全面推进乡村振兴需要不断创新群众工作的机制和方法

落实党中央各项惠民政策，抓住人民群众最关心最直接最现实的利益问题，全力做好普惠性、基础性、兜底性民生建设，让各族群众有更多获得感、幸福感、安全感。党的十九大报告，在论述全面增强八个执政本领中强调"增强群众工作本领，创新群众工作体制机制和方式方法，推动工会、共青团、妇联等群团组织增强政治性、先进性、群众性，发挥联系群众的桥梁纽带作用，组织动员广大人民群众坚定不移跟党走。"在决战脱贫攻坚、实施乡村振兴中，广大党员干部要始终坚持以人民为中心的发展思想，时刻强化群众观念，深化群众感情，关注群众利益，创新机制方法，做好群众工作。

一、瞄准农村群众工作的目标——推动增收致富，维护和谐稳定，促进公平正义

党的二十大报告提出要实现好、维护好、发展好最广大人民根本利益，紧紧抓住人民最关心最直接最现实的利益问题，坚持尽力而为、量力而行，深入群众、深入基层，采取更多惠民生、暖民心举措，着力解决好人民群众急难愁盼问题。坚定拥护"两个确立"、坚决做到"两个维护"，始终把人民放在心中最高位置，牢记初心使命、厚植人民情怀，把为民造福作为最大的政绩。在新时代中国特色社会主义伟大实践中，逐步形成"以人民为中心"的发展思想。习近平同志同时强调，农业强不强、农村美不美、农民富不富，决定着亿万农民的获得感和幸福感，决定着我国全面小康社会的成色和社会主义现代化的质量。新时代落实以人民为中心的发展思想，就要把人民对美好生活的向往作为奋斗目标，围绕乡村振兴"产业兴旺、生态宜居、乡风文明、治理有效、生活富裕"的总要求，推动增收致富，维护和谐稳定，促进公平正义，从而使发展为了人民、发展依靠人民、发展成果由人民共享，让人民群众有更多获得感。

（一）把握根本点，始终把群众增收致富作为本质要求

习近平同志强调："发展经济的根本目的是更好保障和改善民生。"党的十九大报告强调，坚持在经济增长的同时实现居民收入同步增长、在劳动生产率提高的同时实现劳动报酬同步提高。坚持发展第一要务，落实到群众工作中，就是要把群众的产业就业和增收致富作为长远大计、本质要求来抓。工作中，我们要始终坚持党

的基本理论、基本路线、基本方略，毫不松懈地抓好发展这个党执政兴国的第一要务，贯彻创新、协调、绿色、开放、共享的新发展理念，统筹推动稳增长、促改革、调结构、惠民生、防风险的工作，充分保障人民群众就业，千方百计增加劳动者报酬。要坚持"两手抓"的思想，一手推动经济社会高质量发展，一手在发展中补齐民生短板、推动群众产业就业和增收致富，坚持按劳分配原则，完善按要素分配的体制机制，促进收入分配更合理、更有序；一手抓新型经营主体对贫困群众的带动，一手抓新型职业农民的培育，努力实现一村一品、一县一业；一手抓农村劳动力转移就业，一手抓农村劳动力就近就地就业，顺应以人为核心的新型城镇化发展趋势，同时高度关注农村"三留守"问题，并积极促进农村富余劳动力向非农产业转移，妥善解决农民工面临的突出问题。

（二）紧扣关键点，守住奔向共同富裕"一个都不能少"的底线

建立健全现代农业发展体系，增加农民收入，是深入推进共同富裕的重要基础。如果粮食安全不能保障，社会经济就无法实现健康发展。如果想端牢我们自己的"饭碗"，就一定要把5亿多的农民生活质量当成头等大事，不论是农业基础设施建设、农村地区医疗服务保障，或是农民户籍家庭子女就学教育，都必须在现有基础上提高投入。当然，最重要的是要提高农村收入。国务院在关于做好2022年全面推进乡村振兴重点工作的意见中指出，"要巩固提升脱贫地区特色产业，完善联农带农机制，提高脱贫人口家庭经营性收入"，从全国层面对惠农助农提供了制度保障。

（三）抓住着力点，办好人民群众最关心最直接最现实的实事

习近平同志强调，我们的人民热爱生活，期盼有更好的教育、更稳定的工作、更满意的收入、更可靠的社会保障、更高水平的医

疗卫生服务、更舒适的居住条件、更优美的环境，期盼孩子们能成长得更好、工作得更好、生活得更好。当前，"三农"工作依然面临着许多困难和挑战。强化群众观念，转变工作作风，就要从解决人民群众关心的事情做起，从让人民群众满意的事情做起，统筹做好教育、就业、收入分配、社会保障、医疗卫生等方面的工作，让群众看到变化，得到实惠，努力在更高水平上实现幼有所育、学有所教、劳有所得、病有所医、老有所养、住有所居、弱有所扶，让发展成果惠及全体人民。

（四）找准切入点，鼓励人民群众积极参与乡村社会治理

习近平同志强调，要把促进社会公平正义、增进人民福祉作为一面镜子，审视各方面体制机制和政策规定，哪里有不符合社会公平正义的问题，哪里就需要改革；哪个领域哪个环节问题突出，哪个领域哪个环节就是改革的重点。当前，农村农业基础还比较薄弱，农村社会建设和乡村治理方面存在的问题也比较突出。"理国要道，在于公平正直。"要大力推广新时代"枫桥经验"，以乡村振兴战略为切入点，调动广大人民群众参与社会治理的积极性，完善党委领导、政府负责、社会协同、公众参与、法制保障的社会治理体制，打造共建共治共享的乡村社会治理新格局。要强化依法办事，深化扫黑除恶专项斗争，打好主动战、攻坚战，确保不留死角、不留空白，除恶务尽、一打到底，不断增强人民群众的安全感，维护好人民群众的根本利益和长远利益。要聚焦攻克脱贫攻坚战最后堡垒，结合推进乡村振兴战略，加强乡村人居环境整治、公共卫生体系建设和精神文明建设。

二、把握农村群众工作的关键——建立健全群众工作的长效机制

习近平同志强调："要坚持党的群众路线，从群众中来、到群众中去，深入基层调查研究，亲近群众，联系群众，服务群众，做好新形势下的群众工作"，要求"增强群众工作本领，创新群众工作体制机制和方式方法"。群众工作要从调查研究着手，既注重提高办事效率，又建立长效机制。这是做好新时代农村群众工作的关键。

（一）健全深入调查研究的机制

习近平同志指出："调查研究是谋事之基、成事之道。没有调查，就没有发言权，更没有决策权。"2015 年以来，习近平同志就打赢脱贫攻坚战召开了 7 个专题会议，每次座谈会前都先到贫困地区调研，实地了解情况，听取基层干部群众意见。基层群众对党委和政府的决策措施落实效果感受最深，也最有发言权，反映的问题往往最真实、最可靠、最准确。《中共中央国务院关于打赢脱贫攻坚战三年行动的指导意见》明确要求，"实施五级书记遍访贫困对象行动"，其中县委书记遍访贫困村，乡镇党委和村党组织书记遍访贫困户。我们要善于以"遍访贫困对象行动"为契机和抓手，深入群众当中做好群众工作，不断改进作风，加强调查研究，了解群众的需求和愿望，吸取群众的智慧和力量，在真心实意向人民学习中拓展工作视野、丰富工作经验、提高理论联系实际的水平，在倾听人民呼声、虚心接受人民监督中自觉进行自我反省、自我批评、自我教育，在服务人民中不断完善自己，提升政治站位、提高工作能力。习近平同志指出，党员干部必须密切联系群众，这不能仅是一句口号，而应当化为实实在在的行动。领导干部深入基层干什么？习近平同志在《摆脱贫困》中做了系统论述：一是做好群众的宣传发动和思想引导，即做好沟通工作，促进和谐稳定，包括引导群众消除

一些模糊认识，摆正一些关系；二是关心群众冷暖安危，解决实际困难和问题，提倡行动至上，脚踏实地；三是开展调查研究，了解社情民意，便于系统决策；四是发现基层问题，督促指导整改。同时，从基层的问题出发做好举一反三的工作，自觉接受群众监督。

（二）健全畅通民主渠道的机制

让人民群众有说话的地方、有诉求的渠道，是理顺干群关系、掌握工作主动的关键。习近平同志强调，要积极疏通和拓宽同人民群众联系的渠道，建立健全联系群众的制度性平台和载体，如到基层现场办公、领导干部建立群众接待日制度、领导干部同基层单位挂钩联系等。畅通民主渠道，主要把握好以下几个方面：一是注重疏通引导。要加强群众思想教育疏导，理直气壮、旗帜鲜明地深入推进社会主义核心价值体系建设，引导广大群众自觉摆正个人利益和集体利益、局部利益和整体利益、当前利益和长远利益的关系。要加强对群众的法律法规宣传教育，增强群众的法律意识，引导群众依法有序表达自己的意愿和诉求，在法律框架内正确行使民主权利。二是坚持重心下移。习近平同志在福建工作期间就要求做到"四下基层"，即宣传党的路线、方针、政策下基层，调查研究下基层，信访接待下基层，现场办公下基层。要防止居高临下不愿下，也要防止文山会海没有时间下，同时还要带着问题、带着任务下基层，防止蜻蜓点水、形式主义，起码不要把送上门的群众思想工作拒之门外。党政机关要实行"接待日"，乡镇党委、政府要推行"代表联系群众工作制度"，在村委会也要设立"说事室"，进一步畅通群众利益诉求表达渠道，维护群众合法权益，把握工作主动权。实践证明，下访的干部多了，上访的群众必然就会随之相对减少。三是主动调解排查。进一步健全矛盾纠纷大调解工作机制，广泛深入地开展大排查、大下访、大接访、大调处活动，坚持把群众要求想在决策之前，把群众工作做在执行之前，把群众利益落实在实施之前。同时，要注重适应新的形势需要，提高舆论引导水平，积极运用网络、微博、微信等新兴媒体，加强对社会关注度高的重大政策措施和关系群众切身利益问题的宣传，做好突发和群体性事件的舆论引导，争取在第一时间发布信息、澄清事实、解疑释惑、疏导情绪。

（三）健全建强基层组织的机制

"农村富不富，关键看支部。"党的十九大报告指出："党的基层组织是确保党的路线方针政策和决策部署贯彻落实的基础。要以提升组织力为重点，突出政治功能，把企业、农村、机关、学校、科研院所、街道社区、社会组织等基层党组织建设成为宣传党的主张、贯彻党的决定、领导基层治理、团结动员群众、推动改革发展的坚强战斗堡垒。"脱贫攻坚的实践告诉我们，村一级是责任落实、政策落实、工作落实的最末端，具有十分重要的基础性地位，要善于用一线基础工作的扎实推进来确保脱贫攻坚的精准施策、提质增效。实践告诉我们，抓住了"关键少数"，就团结了绝大多数，必须大力推进农村"明白人带头人"建设，加强思想淬炼、政治历练、实践锻炼、专业训练，带领群众增收致富。建强基层组织，还要贯彻落实中央办公厅《关于进一步激励广大干部新时代新担当新作为的意见》，乡镇以上党委、政府要为村组干部撑腰打气，解除村组干部的后顾之忧，为担当者担当，让有为者有位。同时，要加强对基层干部的监督，把纪律和规矩定在前面，加大对侵害群众利益不正之风和腐败问题的查处力度，让权力在阳光下运行，让党员干部习惯在受监督和约束的环境中工作生活，炼就过硬作风，更好地为民履职、为民担责、为民服务。

三、创新农村群众工作的方法——在人民群众中寻求智慧和办法

习近平同志强调:"只有制定符合实际的政策措施,采取符合实际的工作方法,党和人民事业才能走上正确轨道,才能取得人民满意的成效。"群众工作既有立场问题、感情问题,也有方法问题、能力问题,群众工作是一项复杂的系统工程,不但要提出任务,而且要解决完成任务的方法问题,并善于在群众中寻求解决问题的智慧和力量,综合运用法律、政策、经济、行政等手段和教育、调解、疏导等办法,把群众合理合法的利益诉求解决好。

(一)兑现承诺的末端落实法

即处理好一般号召与个别指导的关系。群众利益无小事,一枝一叶总关情。办好群众实事,既要尽力而为,又要量力而行。要善于打通联系服务群众"最后一公里",兑现到一线,落实到末端,做到言必行,行必果。作为党委、政府的一员,有义务、有责任通过自己的工作确保党和政府的政策性文件在基层一线落实落细、落地见效。习近平同志强调,为群众办实事,要扎扎实实,坚持不懈,久久为功,量力而行,尽力而为,坚持实实在在每年为群众办几件实事。为群众办实事是多方面的。不能把办实事简单理解为给钱给物,宣传政策、建强组织、思路引导、经验总结,有时比给钱给物更管用。同时,办实事还要从群众的实际需求出发,切实急群众之所急、解群众之所困,办好群众需要且群众无力办的事情。在办实事时,不能一厢情愿,不顾群众的意愿,必须实行党和政府的决策与群众实际需求的紧密结合和统一,这样才能把好事办好、实事办实。习近平同志强调,办事还要讲求水平和效率,"不作无补之功,

不为无益之事"。办事的过程就是解决矛盾和问题的过程，必须以解决多少实际问题为标志，没有解决实际问题和困难的落实，就是形式主义，就是做虚功。抓而不紧等于不抓，发现问题要一抓到底，直到解决。

（二）先行先试的示范引导法

即处理好面上指导与点上引导的关系。工作中，要善于以点带面，现场推动，特别是注重抓好新型经营主体对人民群众的覆盖带动，抓好"明白人带头人"的培养和示范。贫困群众之所以贫困，很大原因在于缺思路、缺技术，龙头企业、专业合作社对贫困户的覆盖带动不够。许多地方的实践都已经证明，成功培育一个党建示范点、专业合作社，也就扶持了一个"明白人、带头人"，从而拓展一片基地，带动更多的群众闯出一条脱贫致富的路子来。在群众家门口建基地、办企业，让市民下乡、能人回乡、企业兴乡，促进资本、技术、人才等生产要素更多地流向农村，能有效解决农村留守儿童、留守妇女、留守老人多的困境，有利于社会治理，从更大的方向看，是乡村振兴的必由之路。当然，万事开头难，群众见不到实惠，有时会观望等待，这个时候不能消极抱怨，也不能简单命令，需要乡镇和村组干部做给群众看、带着群众干，不断激发贫困群众自强不息、自主脱贫的内生动力，让贫困群众在挥洒汗水中感受劳动的价值和收获的喜悦，确保新型经营主体对贫困群众的覆盖带动。

（三）激发内力的群众主体法

即处理好领导与群众的关系，让群众唱主角，让群众当导演。乡村振兴，关键在人。人是最活跃最积极的生产要素，一切农业科技成果、基础设施和现代技术装备最终都要靠农民使用才能发挥作用。2020 年 1 月，习近平同志在考察云南时指出，"要坚持'富脑袋'和'富口袋'并重，加强扶贫同扶志扶智相结合，加强开发式扶贫同保障性扶贫相衔接。"脱贫攻坚也好，乡村振兴也好，本质上都是群众工作。做强农业农村归根到底要依靠高素质的新型职业农民，决战脱贫攻坚也终究要靠贫困群众用自己的辛勤劳动来实现。要把农民当作一种职业来对待，让会种田的人来种田、能种田的人来种田，促进资本、技术、人才等生产要素更多地流向农村。其次，乡村振兴是自我振兴，自力更生、主动作为，要发动群众参与乡村振兴、强化主体意识，变"要我脱贫"为"我要脱贫"，变"要我振兴"为"我来振兴"。当前，要着眼培育新型职业农民，持续深入开展"自强、诚信、感恩"主题实践活动，充分发挥党组织密切联系群众的优势，最大限度地把群众宣传起来、组织起来、凝聚起来。要改变简单送钱送物的做法，通过"一事一议"的方式和生产奖补、劳务补助、以工代赈等方式，引导贫困群众参加公益劳动、以劳取酬，让贫困户主动充分参与和监督帮扶项目的实施过程。要加强对缺乏内生动力的贫困群众的监督和督促，加强贫困群众与非贫困群众之间的沟通交流，加强对非贫困户的普惠政策宣传，最大限度地赢得广大人民群众支持。要注意发现总结和宣传推广脱贫攻坚典型经验和先进典型，传播好经验，讲述好故事，弘扬正能量，奏响主旋律。要发挥好新闻媒介在群众工作中的引导作用，科学认识网络传播规律，准确传递党的声音，宣传基层扶贫干部的典型事迹和贫困地区人民群众艰苦奋斗的感人故事，引导群众处理好眼前利益与长远利益、局部利益与全局利益的关系，最大限度地争取绝大多数人民群众的拥护与支持。

（四）和风细雨的文化熏陶法

即处理好当前与长远、治标与治本的关系。习近平同志强调，"农村是我国传统文明的发源地，乡土文化的根不能断，农村不能成为荒芜的农村、留守的农村、记忆中的故园。""新农村建设一定要走符合农村实际的路子，遵循乡村自身发展规律，充分体现农村特点，注重乡土味道，保留乡村风貌，留得住青山绿水，记得住乡愁。"可以说，无论是脱贫攻坚，还是乡村振兴，培育文明乡风、良好家风、淳朴民风是重要支撑，特别是要做好群众的思想发动和组织工作，依靠群众开展工作，深入开展爱国卫生运动，推进城乡环境整治，提倡文明健康、绿色环保的生活方式。做好群众工作，不是靠大喊大叫出来的，重在和风细雨、润物无声、潜移默化；不能疾风暴雨、立竿见影、急于求成、简单生硬，重在思想性、群众性、大众化、正能量。要塑造以社会主义先进文化为主体的乡村思想文化体系，大力传播社会主义核心价值观、弘扬中华优秀传统文化、继承发扬革命文化，打造文化乡村，培育文明乡风，让村民生活富起来、环境美起来、精神扬起来。

（五）于法有据的矛盾排除法

即处理好两手抓、两手硬的关系。群众工作也有依法办事、讲求原则底线的问题，主动从源头化解农村社会矛盾，做到"小事不出村，大事不出镇，矛盾不上交"。针对有的贫困户建新之后不愿拆除旧房的问题，需要强化"　户　宅"的法律意识。义务教育阶段辍学的问题，要上升到遵守《义务教育法》的高度，引导家长支持孩子上学。还有农村一些地方不重视赡养老人，也要依法处理。对农村土地征用、土地权属纠纷，更要依法办事，严格执行《宪法》规定，确保"公民的合法的私有财产不受侵犯。国家为了公共利益的需要，可以依照法律规定对公民的私有财产实行征收或者征用并给予补偿。"在农村，还要发挥好村规民约的重要作用，引导村民切实革除农村生活陋习、生产陋习、思想陋习，大操大办、好吃懒做、思想意识等靠要等陋习，形成村民自管、自治新格局。要坚持司法为民，改进司法工作作风，通过热情服务，切实解决好老百姓打官司难问题，特别是要加大对困难群众维护合法权益的法律援助，依法公正对待人民群众的诉求，努力让人民群众在每一个司法案件中都能感受到公平正义。要规范从政行为，坚持依法行政、严格执法、公正司法，强化执法监督，落实责任倒查机制，建立健全横向到边、纵向到底、重奖严惩、严管重罚的责任追究机制。要持续深入开展扶贫领域腐败和作风问题专项治理，坚持无禁区、全覆盖、零容忍，坚持重遏制、强高压、长震慑，推动全面从严治党向基层延伸，严厉整治发生在群众身边的腐败问题和不正之风，做到发现一起、查处一起、问责一起，促进各级党委、政府以及相关职能部门认真履行脱贫攻坚的重大政治责任，让人民群众在脱贫攻坚中切实增强更多的获得感幸福感。

第三节　农村基层矛盾化解机制研究

在我国经济体制由计划经济向社会主义市场经济体制转变的背景下，现阶段的农业生产也从传统农业向现代农业转变。这一转变引起了农村一系列利益关系的调整和资源的重新优化配置，由此而带来的各种农村问题也引起人们的广泛关注。这些矛盾以利益为主体具有更加复杂的内容和表现形式。大量表现为群体性矛盾纠纷，甚至出现了民事纠纷、行政纠纷、轻微刑事纠纷相互结合渗透的复杂情况。随着法治化的深入，以诉讼为主的法律规则方式越来越多地受到农民的重视，但是在现实中的效果却并不理想。为探索解决农村基层矛盾的方法本书就农村基层矛盾的表现、产生原因和解决方法提出浅见。

一、农村基层矛盾的主要表现

（一）土地纠纷

我国作为一个传统农业国家到目前来说依然是以农业人口为主体，土地尤其是耕地对农民的重要性不言而喻。随着水土流失、土地沙化以及城市化过程中工业建筑用地的增多，耕地进一步减少。日益减少的耕地成为农村最容易产生矛盾的载体。土地承包过程中对土地界限划分不明、权属不清、无序流转等为土地矛盾埋下了隐患。看到种田有利可图，原来不种田或少种田的农民纷纷要求按政策均田，而原来占有土地较多的农民则不愿放弃土地。个别村干部在调整土地的过程中谋取私利，多占土地的现象也引起群众的不满，使得干群矛盾激化。

土地征用过程中缺乏制度性规范，不仅公益性建设用地由国土部门出面征用，企业的商业用地也由政府国土部门出面征收。在征用土地的全过程中农民没有参与权、要价权、谈判权。征用土地定价过低、补偿过少补偿金分配极不合理。尽管绝大多数失地农民的近期生活得到妥善安置，但由于物价水平高，且逐年上涨征地、拆迁补偿经费用于搬迁建房后基本没有剩余，有的农民还负债建房。大量的土地补偿款被乡镇及村级组织截留而引发矛盾。在所获得的土地补偿款用完之后，由于多数农民除种田外并无一技之长，因此很难再就业，这意味着他们在失去土地的同时，也面临着失业，且没有相应的社会保障。另外，一些地方乱占滥用农田，使得本已突出的人地矛盾更加严峻。

（二）干群矛盾

一部分村民自治组织中的村干部本身素质不是很高，缺乏宗旨观念和服务意识，工作方法单一陈旧，工作作风蛮横粗暴，工作效率较低，群众满意度不高行动上独断专行。比如，因村务公开和财务公开落实不到位，在一定程度上侵犯了村民的知情权和监督权，造成了干群矛盾。在一些事务的处理上，尤其是涉及利益的事务中，总是期望谋取个人私利或者为小集团谋利。在村级事务的决策过程中，缺乏民主，村干部自作主张，没有取得村民的认可，一旦决策失误造成经济损失就会引发干群矛盾。

我们还应该看到，在城市化进程中产生了大量的失地农民，他们获得的补偿远远不能满足长期的生存和发展需要而且他们的就业及社会保障等方面的需求又无法得到满足，因而对基层党政干部产生不满。

（三）家庭矛质

在市场经济的冲击下，农村传统的文化观念在悄然发生着一些变化。随着打工经济的迅猛发展，外出打工或者经商一段时间后，因见识了外面的精彩世界，外出务工人员与留守人员间的思想、文化、消费、道德等观念的差异日益加剧，相互碰撞、日趋激烈导致离婚矛盾迅速上升。

绝大多数农村青壮年外出务工，留守在家的主要是"老弱病残"和妇女、儿童。"空巢小孩"缺少父母的亲情，特别是留守学龄儿童的教育问题受到忽视，隔代教育导致留守儿童流连于电子游戏室、结交社会上不良朋友，误人歧途导致社会不安定因素增多。

此外，由于赡养问题引发的矛盾也层出不穷。受经济落后、法治意识淡薄、思想道德滑坡等诸多因素的影响，兄弟妯娌之间因家务琐事搬弄是非、争吵斗殴、对老年人拒不履行或者不恰当履行赡养义务的事件时有发生。兄弟间因经济利益所引发的冲突越来越多，已婚而未分家产的兄弟间的争吵是村庄中最为常见的纠纷，这些虽然是小事情，但是小摩擦发展到一定程度也容易导致恶性事件也是应该引起重视。

二、农村矛盾纠纷的成因

（一）成因之一：利益主体多元化

以往民间纠纷是指公民之间的有关人身、财产权益之纠纷。民间纠纷的主体范围被限定在家庭成员之间、乡村邻里之间及农民与农民之间产生的矛盾。现阶段随着改革的深入和社会的发展民事主体日趋多元化具体的利益关系主体已不再是计划经济体制下笼统的阶级、团体、取而代之的是各种各样的与特定的经济关系相联系的不同利益主体农村矛盾也不再局限于这种个人直接的矛盾而是进一步扩大到农民与村集体组织之间、农民与基层政府之间以及农民与企事业单位或者其他经济组织之间。利益主体的多元性导致矛盾主体的增多矛盾关系更趋广泛多样更趋复杂。

在当今这个社会转型期农村内部之所以还存在大量矛盾而且这些矛盾主要是围绕利益而展开的。最根本的原因就是因为农村经济发展落后社会生产还远远不能普遍满足广大农民日益增长的物质文化的需要。农村有句更通俗的话叫做"不为共分利不起早午更"。在社会资源有限的前提下多元化的利益群体不可避免地相互竞争和发生冲突从而产生多元化的纠纷。可以说"利益矛盾和利益冲突将会成为我国今后社会生活的一个组成部分。中国正在进入利益分化、利益博弈和利益冲突的时代 "。

（二）成因之二：政府职能的错位

一些行使公权力的部门通过执掌的公共资源分配权将公共权力部门化、部门利益合法化更是容易引发公权力与民众之间的矛盾和纠纷。政府职能的错位使部分人失去原有利益因补偿不足而引发的矛盾和纠纷比较突出。这种状况在城市主要表现为大规模的城市建设和改造中旧城改造和房屋拆迁中执行政策不到位补偿安置不合理过度和滥用行政权进行强制拆迁而在农村则主要表现为土地征用和移民搬迁安置过程中涉及安置补偿标准不合理、强制手段滥用等问题。与过去那种相对自发和分散的个体矛盾相比农村矛盾个体交往组织化程度和群体性趋势增强。这些个体往往会为共同的利益而组织起来通过群体的力量以引起社会广泛的重视从而使原有的个体矛盾演变为群体矛盾。如在农村土地征用补偿过程中因补偿不合理、不公正等引起的矛盾纠纷众多农民成为当事人。在农村土地承包权属中引起的土地、山林权、荒地、水塘承包等纠纷　众多农民成为纠纷当事人。在征地纠纷中因利益冲突厂矿企业与驻地周围有关群众成了纠纷当事人 在土地征用、城市房屋拆迁等方面许多有共同利益的群众成为了纠纷当事人。这些矛盾纠纷因当事人在利益群体内部很容易达成有组织的、有目的的群体意见并且能够迅速集结群众和扩大影响借助这种群体的力量向政府和有关部门表达他们的利益诉求而使其规模不断增大。如果问题得不到相应的解决就可能酿成比较严重的突发性群体事件造成不好的社会影响很容易引发群体性事件。

（三）成因之三：公民精神文明的提升与物质财富的增长不相适应

三、正确解决新形势下农村基层矛盾的方法

（一）转变政府职能，实现由管理型政府向服务型政府转变

随着市场经济的发展，农民谋生的方式多元化，农民的价值观也发生了很大变化，独立意识、法治意识明显增强。基层干部是党和国家各项方针、政策的最终执行者，是疏导化解矛盾的重要依靠力量和关键所在。他们既担负着直接联系群众、组织群众、团结群众的重要责任又处在政府与群众矛盾的接触点上。因此要认真落实中央减轻农民负担和土地承包政策，以及取缔乱收费、乱摊派等政策，推行政务公开、村务公开、财务公开、司法公开，防止腐败发生。在处理农村矛盾纠纷时管理方式已不再奏效，作为基层政府机关必须转变职能，实现管理型向服务型转变，对群众反映强烈的热点问题要开展专项治理和整治，对于群众反映的重要案件线索要及时、认真查处，努力走出一条发扬人民民主，加快法制建设，铲除腐败现象的新路子。

此外，要建立科学高效的行政管理体制。针对当前官气重、效率低等问题，要结合政府机构改革建立严格的问责制度，把服务对象的满意度作为领导干部任用奖惩的重要依据，作为村镇领导、机关单位综合考评的重要尺度。对那些群众意见大、反映强烈的机关及领导干部实行问责制。

（二）畅通化解矛质的各种渠道，认真排查和消除不安定因素

没有绝对稳定的社会，也没有无矛盾的时空。矛盾不断出现又不断解决，就是事物发展的辩证规律。解决矛盾的关键是要将一切矛盾都尽力消灭在萌芽状态。农村矛盾纠纷的发生存在一定时间的诱发性阶段，因此做好矛盾纠纷的预防和处置工作十分必要，要许多事情的发生都不是偶然的，都有其发生、发展和灭亡的过程，要

认真排查和消除不安定因素。要求畅通各种工作渠道防患于未然，及时主动、不失时机地进行矛盾纠纷的排查。要制定严格的农村矛盾排查制度，制定详细的排查表。一般情况下，应两周到每个村民家走访一次。对农民的要求、可能存在的纠纷隐患逐一登记，尤其是对那些可能随时发生的隐患应当日上报，及时调解。切实加强情报信息工作，树立超前防范意识，掌握多类矛盾纠纷的信息动态，做到及早防范、有效控制、适时处置。

尤其要畅通思想政治工作渠道、经济工作渠道、法制渠道、信访渠道、社会保障渠道等，使群众感到，想不开的事有人解答，遇到困难有人关心，实际问题有办法解决，隔阂就会自然消除。

（三）构建多元矛盾化解机制，引导依法诉讼与规范非诉讼化解机制

一般而言，多元矛盾化解机制主要包括两个构成部分，诉讼化解机制与非诉讼化解机制。诉讼化解机制也称为社会矛盾纠纷的司法解决方式，即借助国家公权力来解决社会矛盾。诉讼不是万能的，但没有诉讼是万万不能的。要充分保障公民诉讼权。首先要简化司法诉讼程序建立完善的司法救助体系。一方面要降低农村诉讼成本，尤其对经济困难的群众要提供法律援助和适当的经济减免，放宽对受援助人的经济条件审查，提高法律援助额度，尽量使各种纠纷通过司法渠道解决。要尽量运用成本较低的准司法救济模式，如行政复议、劳动仲裁等纠纷解决机制，以充分实现替代性纠纷调解机制的功能，从而分流和缓解司法压力。其次，扩大诉讼受案范围，使农民的权益保护范围除人身权、财产权外，还包括政治权利、劳动权利、受教育权利等多种权利，以进一步有效保护农民的各项合法权益。

非诉讼化解机制也被称为社会矛盾纠纷的私力解决方式，即不是借助司法力量等国家公力来解决社会矛盾纠纷，而是通过当事人自身的力量或者社会力量来解决矛盾纠纷。

一是自行和解。此种方式以当事人协商和解或私力救济为基本特征。二是民间解决纠纷。主要是指无公权性质的民间机构和个人以调解为手段的解决形式。包括人民调解、行业调解、人民团体的调解、律师调解，以及由其他社会组织、中介机构、个人主持的调解等。比如，成立农民维权组织，使自己的声音传递到政府的决策过程中，从而实现自己的利益表达。三是行政解决。是指由行政机关承担的各种化解形式，包括行政调解、行政裁决、行政复议、劳动争议仲裁、人事争议仲裁、农业承包合同纠纷仲裁等。

构建多元矛盾化解机制就是要对各种具体的化解矛盾的方式进行有效整合，即引导进行依法诉讼与规范完善非诉讼化解机制齐头并进，使之成为一个整体。在多元矛盾化解机制中以法治的名义打击地下维权，在法律的基本原则框架内合理利用和积极改良各类调解。各种化解方式之间应当建立起有机联系，同时还应当根据不同社会历史时期的不同矛盾类型及其发生特点，对多元矛盾化解机制不断调整和完善，使各种非诉纠纷解决机制的规范完善与法治化进程良性互动，从而更加适应社会生活的实际需要。

第六章　巩固拓展脱贫攻坚成果、全面推进乡村振兴

第一节　"后扶贫时代"苏北空心村减贫困境及出路
——以江苏省淮安市为例

关于减贫，淮安市成功走出了一条以"阳光扶贫"保障脱贫攻坚的新路，为全省乃至全国实施减贫、精准脱贫提供了样板。课题组成员 2018 年至今对淮安市八个县区农业、农村、农民的情况进行了为期一年的调研。在调研中发现，就减贫实际工作来看，淮安市减贫的成果、减贫对象的增收情况并没有想象的那么乐观。就淮安市而言，按照省定低收入人口年人均收入 6000 元、经济薄弱村年集体经济收入 18 万元脱贫标准，全市建档立卡低收入人口 47.94 万人，占全省的 17.3%；省定经济薄弱村 110 个，占全省的 13.4%。另外还有市定经济薄弱村 60 个，已脱贫的低收入人口、已出列的经济薄弱村仍存在返贫风险。可见淮安市的减贫工作并不轻松，在此背景下，审视淮安市减贫面临的实际环境就显得尤为重要。

一、空心化下苏北地区减贫的现实困境

困境一：农村空心化背景下，基层减贫走入"深水区"

一方面，伴随城乡融合发展进程的加快，农村"劳力""智力"大量流失。2020 年淮安市还有 569 个集体经济收入低于 18 万元的"低收入村"。淮安市施河镇是全国有名的"智教乐享"小镇，镇上教具企业云集，是典型的镇级经济发达，村级经济薄弱点。很多本地农村青壮年外出打工，顺带在外安家。留守家庭的大多是五十岁以上的老人以及学龄下的儿童。农村脱贫主体严重缺乏，脱贫项目更是鲜少，更不用谈提升村集体经济了。淮安市苏嘴镇衡河村是淮安区的贫困村，截止 2022 年总人口 4640 人，劳动人口 2330 人，占总人口的一半还不到，劳动人口中还包括 50 岁以上的老龄人口。村里多年无村集体经济，无规模化承包项目。村里毕业的大学生回村创业或者工作的寥寥无几。

另一方面，农村"三缺"现象加剧了大数据减贫的难度。淮安市是省内率先使用大数据减贫的，大数据减贫对于执行者和操作者的知识文化素养以及计算机网络设施均有基本要求。目前，村级组织普遍存在缺人才、缺经费、缺办公设备，这种"三缺"现象严重影响了数据填报和识别工作，导致大数据录入差错率高、耗费时间长。贫困村如若有一台电脑和一部电话就算条件尚可。在遇到上级检查或者年底考核时，村两委干部 80% 的时间都用于整理修改减贫文字材料，扶真贫精力投入严重不足。以洪泽区黄集镇清涧村为例，该村两委组织存在经费短缺化、设备老旧化、干部老龄化、学历低层次化、人才稀缺化等现象，驻村大学生流动率高，不利于减贫工作的有效开展。在调研中还发现，本应驻村的大学生村官，相当部分被县政府和乡镇政府"借"走，主要任务也是做减贫材料。面对农村空心化现象，基层干部抱怨道，地方减贫就像走入了"深水区"，不知道往哪里走，更不知道什么时候能"上岸"。

困境二：市县（区）多手减贫，多管齐下，存在"力大效微"现象

各区县在向市里的减贫工作汇报中，谈减贫成绩、减贫亮点的多，谈所辖区域减贫问题的少。村镇向区县提交的减贫报告中所提出的问题并未在区县向市里提交的减贫报告中全部反映。有的地方碍于减贫资金有拨付率的要求，并未做深入的社会及市场调研，乱打项目"减贫拳"。减贫项目遍地开花，村村有项目，但是对于如何管理项目，确保项目长期收益，进而从促进当地经济的长期发展，以及集体经济的可持续化发展并未做长远思考。在调研中，几乎所有调研的贫困村都提出缺资金、缺项目，希望市财政能多给项目多给资金，当询问如果得到这笔项目资金如何使用时，鲜少有对项目资金使用的明确规划，想改善本村贫困落后的面貌，帮助村民提高收入，但却不知道如何入手。还有个别村党委竟然提出扩建现有的村党支部，更换旧办公设备。

困境三：脱贫增收数据喜人，小波"返贫潮"悄然袭来

截止目前，淮安市已脱贫低收入人口 21 万人，已有 91 个省、市定经济薄弱村达标出列，分别占"十三五"时期总量的 49.7% 和 53.5%。淮安市还对重点片区关键性工程加快实施，黄花塘革命老区"点穴式"帮扶项目全面启动生效。脱贫增收数据喜人，但是也存在着小波的"返贫潮"。以淮安区苏嘴镇衡河村为例，因病因灾返贫现象已然存在。大多数低收入户仍然保持着"等、靠、要"的思想。用减贫干部的话说，帮助这些低收入户脱贫就像给小孩喂饭，喂一口咽一口，没有主动吃饭的意识，遇到风险没有一点招架的能力。此外，目前存在因为市场问题导致部分农户返贫现象，地方企业大量招工，农业、种植业、饲养业，大量的蘑菇、大米等经济作

物被生产出来，本地市场消化不了，外面市场短期又无法打开，很多贫困村为了达到短期的目标不断生产，市场没增收，还造成了返贫的现象。

二、造成淮安市空心村减贫三大困境原因分析

（一）农村脱贫主体不足和发展产业弱化是减贫受阻的重要原因

当前，在打工经济浪潮持续高涨的态势下，农村空心化愈演愈烈，不仅突出表现为农村人口的严重空心化，而且表现为农村经济和农村精神的明显空心化。这种实际状况是淮安市减贫面临的最大困境。一方面农村种植业无法大规模发展，很多村落仍然是小块经营，"一季水稻一季小麦"种植模式。农作物种植仍然受自然气候影响，高科技投入少，农村经济不发达。另一方面，留守的贫困人口思想固化，等着政府救济，坐吃山空，不去主动脱贫。当前精英农民的持续外流、农村发展资源的依附性流失以及农民对农村发展信心的下降，使得农村减贫工作面临着严峻挑战。具体说来，农村脱贫主体不足和发展产业弱化正是导致减贫受阻的重要原因。

（二）"唯指标是从"的官僚主义

衡量是否脱贫主要是看两个指标：一是收入增加，二是"两不愁三保障"指标。有的村为达到贫困村指标、拿更多的财政减贫资金、享受更多的减贫政策需要，硬把不是低收入户的人口"表化"为低收入户，造成公共资源浪费，其他村民多有怨言，认为地方干部在减贫工作中存在不公平，不公正的现象，对干部的信赖度下降。有的为了应付减贫考勤考核的工作，进村入户走形式，装模作样搞谈话，忙于拍照和录像，并未给减贫对象谋实策、出实招。这些做法严重损害了党和政府的形象，降低了党和政府的公信力，破坏了

干部群众的"舟水"情谊，失去了群众对减贫工作的支持和拥护。

（三）基层减贫干部面临"作为难、难作为"问题

就驻村减贫干部来说，大多数地方的驻村减贫干部和所驻村（社区）人员在同一地点办公，共同开展工作。驻村干部开展工作往往是依靠乡镇减贫办联系。一方面，驻村减贫干部与地方干部权责归属不是很清晰。虽然很多地方都在下派干部时以文件形式罗列一些职责，但是大多数比较笼统，在实际工作中就会发现文件中的职责不够具体和明确，使得驻村减贫干部有的时候无从下手，甚至在工作中与原来的领导班子产生矛盾。对于谁来做，如何做，谁负责这一问题没有很好地解决。另一方面，驻村干部与地方干部在减贫角色上定位不清晰。有的第一驻村书记党组织关系仍然在原单位，在村支两委开会议事时仅仅扮演"列席"的角色，最多进行工作指导，具体还是原来的党委班子说了算，第一驻村书记负责签字盖章，第一驻村书记形同虚设。也有基层减贫干部反映自从下乡减贫，"白＋黑、5+2"的工作节奏，忙得一塌糊涂，但是所受的处分比原来还多，干事情缩手缩脚。基层减贫干部一方面作为难，另一方面难作为。

三、"三重路径"：走出困境的对策

（一）建立"内源—外源"融合发展的减贫机制

外源推动主要是指政府在减贫所做的工作，如对贫困地区投入的资金、人力、政策支持，创新地方减贫的工作机制——责任机制、瞄准机制、检测机制、考评考核机制等。内源发展主要指在外源的推动下，贫困地区实现经济增长、贫困人口收入和消费水平提高、贫困地区吸纳就业能力提升，以产业减贫、绿色减贫为主动力的内

生增长。

目前淮安市减贫外源推动工作投入很多，也做出了全国示范的成效特色，想要进一步创新，外源推动存在一定的难度，但是内源发展是一片半空白区域，有很大的潜力和一定的市场空间。建立"内源—外源"融合发展强调的是在优化外源推动的条件下，突出内源建设的重要性，逐渐转化地方政府在减贫中的角色。

一是以优势资源为基础，打造以市场为主导的减贫项目，形成跨区域产业集群。一方面，加大市场调研，依据本地优势资源，生产市场需要的、短期内能消耗的产品。政府要加强指导，市减贫办要专门设立一块职能统一梳理各县区减贫项目，避免类似"烘干"项目一拥而上。对优质的减贫项目要加大资金投入，优化项目的运作机制，形成标准化、模式化的生产线，进而衍生子项目，以"以母带子"繁殖的方式将优质项目扩展到更多贫困地区。对第三部门、企业、个人参与程序进行明确的同类分析，实现第三方人力资源分门别类下沉到减贫项目中。另一方面，实行"镇村合一"的农田运作模式。由镇农发公司牵头，成立农业生产合作社，走"先示范，后带动"的路子，先将镇周围的几个村的农田聚集，通过"镇农发公司＋村级合作社＋农户"的形式将"5G"等高科技手段引入到农业生产中，实现智能化生产和管理，减少对人力的依赖，以此带动村集体经济的发展。如果效果见佳再扩展到镇里的其他村。同时应避免"各村镇单打独斗"，同类产品恶性竞争，解决好白马湖大闸蟹和洪泽湖大闸蟹"两只蟹"的市场共存，共同进化的问题。市减贫办要加强产业引导，形成跨区域的产业集群。跨区域的产业集群进程中，要将贫困地区的优势产品品牌化，搭上"淮味千年"这一品牌效应顺风车，走向本地及外部市场。

二是以指标监测为杠杆，走符合村镇实际的绿色减贫之路。有专家指出，绿色减贫是可持续最强的共享发展模式。贫困地方人口大多数受教育程度低，生存技能较落后，自身减贫能力不足，依靠政府的单向扶持。绿色减贫措施的实施强调的是减贫方式从外源向内源转变，这也是响应中央"五位一体"的发展理念，同时减少乡村振兴阻力的较好方式。要以指标监测为杠杆，走符合村镇实际的绿色减贫之路。一要慎重对待易地搬迁减贫，以低收入户的满意度为指标。经调查，60%的低收入户并不想去集中居住区，即使以"平方换平方"，新房的装修费仍然是个问题。再者很多低收入户是五十岁以上的老年人，这部分人并不想到高楼集中居住。因此，必须做好易地搬迁群众满意度调查，找出困难群众想要的易地搬迁的路子。二要结合地方实际决定是否上光伏项目，以光伏项目对低收入户收入增长的贡献率为指标。很多地方的光伏项目开启了之后，给当地低收入户的收入增加及就业的带动并不是很明显。此外，光伏项目还受国家政策调整的影响，实施难度大。要增加光伏项目在深度贫困地区的贡献率。三是以人文历史环境保护率为检测指标进行旅游开发。旅游减贫应以保护当地环境，尤其是具有悠久历史的人文环境为主。同时旅游线路的开发建议采取"主题"策略，针对不同地方特色，开发出属于地方特色的"主题"，讲好淮安故事。

　　三是以"扶智与扶志"作为基层减贫干部工作的重心，先扶志后扶智。要逐渐转化一些政策无偿性的支持，政府要把握帮扶的力度，逐渐将"主导"转化为"引导"，要把"扶智与扶志"为基层减贫干部工作的重心引导低收入户依靠自身脱贫增收。首先要正确宣传国家的减贫政策。有的低收入户认为有些小额贷款是国家免费自助的，最后无法偿还。包括一些医疗政策，就业政策等方面都需要进行正确的宣传。其次要与本地的高校实施技术性的对口帮扶，实现高效帮扶技术和人才资源的下沉。不一定一所高校对口帮扶一个贫困村，也可以实现各高校依据自己的技术联合减贫某一贫困村或者推进某一减贫项目。再次允许机关企事业单位有专业技术的人留薪留职到贫困地方进行创业，以带动所在地区就业率、集体经济增长率作为其年终考核加分的指标。最后要定期举办"科技助农"、"走出贫困"等讲堂，扶硬贫困群体的志气，扶起贫困群体的智慧。

四是增强减贫资金的利用效率，谨防减贫资金流向房地产领域。目前减贫资金量很大，但可持续性项目很少。调研发现，各地减贫短期的项目多，长期项目少。因此需要建立长期协调的机制，建立长远性的规划项目，使减贫资金的使用效率、减贫的效率相结合，增加市场化机制的过程，这样脱贫的效率更明显。有的贫困村购置商铺等固定资产，将租金补充集体收入。大量减贫资金流向房地产领域，会使当地房价升高，房价升高会导致各种生活用品价格升高，进而反作用于贫困家庭，现有的减贫成绩将会功亏一篑。

（二）发挥乡村振兴战略对资源配置优化的牵引作用

实施乡村振兴战略是做好"三农"工作的总抓手，其中人才培育与发展、农业支持保护、基本公共服务均等化是乡村振兴战略的重点内容，为淮安市的减贫、脱贫工作提供了新的机遇。

一是加强村级组织软硬件资源投入。在大数据减贫的背景下，一方面加大网络设施和相关设备投入，做好与上级政府沟通，争取上级政府对贫困地区互联网建设的政策支持和资金支持。做好与移动、电信、联通三大运营商的协商，出台相关鼓励政策及补贴，鼓励经营商加大对贫困村落基站布点，为这些地方提供优质的服务端。另一方面，加大对村级组织办公设备的投入，必须给村两委配备电脑、打印复印等设备，加强纸张、墨盒等供给。

二是加速对空心化地区人才的输送和培养。加速优化村组织人才结构，引进和培养青年人才。要因地制宜实施"三支一送"，加大对贫困地区村官的招聘力度，给予政策性补贴，同时建立相应的人才下沉制度，贫困地区的村官服务基层必须满一定年限，其所在地区脱贫成果可作为其岗位晋升的重要依据。第一驻村书记党组织关系要及时转入当地，积极在村支两委会议中议事。市直公务员遴选要加大对扎根基层尤其是贫困地区且减贫增收工作有实效的大学生村官的倾斜。注重在贫困村落培养大学生，实施一村一名大学生工程，开发本土人力资源。

三是加大对贫困地区的"绿色金融"支持。"绿色金融"是由银行作为实施主体，提供"绿色、节约、环保、可持续"的金融业务。要增加财税政策引导"绿色金融"落地贫困地区的力度，使"绿色金融"能够助力高科技的减贫项目。同时将"绿色金融"引入高效农业减贫项目、旅游减贫项目。提高"绿色金融"资金的使用质量。

四是将空心化严重的临近村落合并整合资源。对空心化现象较重，劳动力流失大的村庄，进行临近合并，并且附带政策补贴鼓励性集中居住。将分散的养老、医疗、卫生等公共资源进行整合，有目标有重点地集中提供。对合并后的集中居住区道路、环境等进行优化。减贫工作队对集中居住后的贫困家庭分类"切脉"，找出其增收困难原因，制定详细的家庭增收计划，并且动态监测，定期回访，确保贫困家庭增收有实效。

（三）加快基层减贫干部容错纠错机制出台

一是基层减贫干部容错纠错机制要坚持"顶层设计"。提高政治站位，在大局下谋划工作，允许脱贫攻坚有失误，但是不允许放任工作不做。坚持"顶层设计"就是要贯彻党的组织路线，积极响应2019年国家一号文件，按照《中国共产党党员领导干部廉洁从政若干准则》等要求，培养政治过硬、敢于担当的基层减贫干部。

二是基层减贫干部容错纠错机制要坚持法治理念。基层减贫干部要具备法治思维，时刻以法律作为准绳约束自己。对于脱贫攻坚中符合容错纠错的失误和过失，触碰法律底线、纪律底线的绝不容忍。要将违纪违法与勇于创新、示范先行、无意过失区分开来。让想干事的人放手干，让趁机牟利的人现原形。

三是基层减贫干部容错纠错机制要坚持人文关怀。上级领导在基层减贫干部犯错的时候扮演着重要的角色。一个善于容错纠错的领导，基层减贫干部会心存感恩，进而更加努力地投入工作。组织内部的谈心谈话与心理援助制度，对每个犯错干部心理状态进行评估，引导其放下心理包袱，客观分析错误，变被动为主动，找寻问题发生的原因及以及可以弥补的补救措施。

四是基层减贫干部容错纠错机制要坚持容错用"能人"。打赢减贫攻坚战，人才是关键，尤其是能够知错后改奋发进取的人才。圣人尚且犯错，更何况凡人。在减贫攻坚中犯了错误的基层干部，只要勇于承认错误，认真分析，吸取教训，重新规划减贫事业，这样具有经验的人才就很珍贵。因此，基层减贫干部容错纠错机制要坚持容错用"能人"。

第二节　性别平等视角下建立解决苏北农村相对贫困的长效机制探析

2020 年是脱贫收官年，也意味着中国彻底消除了现行标准下的绝对贫困。然而绝对贫困可以消除，相对贫困仍将长期存在，不仅现在有，全面小康后也有，中等发达了还有。彻底消除现行标准下的绝对贫困后，中国的扶贫工作将转向解决以经济、社会等多维度显现的相对贫困。据国家统计局对国家扶贫重点县调查，女性的贫困程度至今仍高于男性。农民的贫困尤其是农村的妇女贫困已成为当前苏北乡村振兴中非常棘手的现实问题。因此，要实现巩固拓展脱贫攻坚成果与苏北乡村振兴有效衔接，必须重视农村妇女群体的作用，从性别平等的视角探索建立解决苏北农村相对贫困的长效机制面临的精神贫困、能力贫困、人文贫困、资源配置贫困等四大困境。通过建立教育引导的长效机制、完善的技能培训机制、"整体性"社会服务机制、完善的社会保障机制、良好的人文氛围维护机制等，构建性别平等视角下解决苏北农村相对贫困的长效机制。

一、问题的提出

据统计，2019 年在我国建档立卡的贫困人口中，女性比例高达46.7%。仅在 14 个连片特困地区，农村贫困妇女就有将近 2000 万人。农民的贫困，尤其是农村的妇女贫困，已成为当前苏北乡村振兴中一个非常棘手的现实问题。

关于相对贫困治理，国内理论界主要是四个角度进行了探讨：一是城乡一体化视角，认为需要推动城乡一体化发展，建立新型贫困治理结构及反贫困机制，核心是建构常规化贫困治理体系。二是乡村振兴视角。减贫是推进乡村振兴有效机制，建构贫困治理政策保障体系。三是社会保障视角。将社会救助政策与贫困治理体系有效衔接，关注相对贫困、特殊人群保障及贫困代际传递等问题，构建特殊贫困人群社会救助机制。四是均衡治理视角。政府职责再界定及农民自主性激发是核心问题，需要建构"均衡治理"制度体系。学者们的探讨为研究构建解决相对贫困治理的长效机制提供了新的思路，但目前的研究仅停留在理论层面，缺乏整体上从制度保障、精神建设、能力拓展等方面构建解决相对贫困治理的长效价值，并在一定程度上忽略了女性群体对于相对贫困解决的价值和重要性。

相对贫困治理是江苏省在建设"强富美高"新江苏实践道路上需要解决的重点问题，江苏实现巩固拓展脱贫攻坚成果与乡村振兴的有效衔接难在农村，赢在苏北，胜在农民。要重视女性的地位，挖掘其在巩固拓展脱贫成果工作中的价值，充分认识当前苏北农村地区相对贫困群体的性别因素，进而从教育、技能、整体性社会服务、社会保障、人文氛围营造等方面构建苏北性别平等视角下农村相对贫困治理的长效机制。

二、性别平等视角下建立解决苏北农村相对贫困的长效机制面临困境

（一）精神贫困困境

很多苏北妇女依然存在着男尊女卑的思想，认为男人负责家里经济的主收入，至于自己是否要挣钱，如何挣钱来改变家庭现状，并没有系统的思考。尽管改革开放以来，江苏省妇女思想得到解放，但是苏北农村妇女尤，其是贫困妇女的思想仍然停留在相夫教子的阶段。由于生活需要丈夫外出打工，农村妇女得以转向台前，但这个结果并不是她们自主思想转变的结果，而是被动的转变。正是因为这种被动性，使得她们在生活中有较多抱怨，情绪也多，这一切制约着苏北农村贫困妇女思想素质的提高。在淮安市棱陵乡苏嘴镇衡河村，村集体收入几乎为零，没有规模化的承包经营，没有支柱产业，村里财政收入微薄，靠着国家和政府的扶贫政策度日。村里总人口4640人，1006户，其中妇女占近半数。房源10平方公里，两边是灌溉总渠，党员有116名，其中女性只占12名，低收入人口640口，女性占三分之二。村里的青壮年几乎全部外出打工，农村

贫困妇女靠简单的农业耕作以及做一些零工贴补家用。一旦家里有人生大病，那么这个家庭就会面临着贫困窘境。这既是淮安市一个村落的现状，也是大多数苏北贫困农村的现状。妇女的生活状况十分糟糕，表现为经济收入低下，文化程度不高，面临高风险的生育等，思想也趋向钝化。

（二）能力贫困困境

"能力贫困"由世界银行首次提出，其观点是认为贫困是"缺少达到最低生活水准的能力"。阿玛蒂亚. 森将这一理论进行了更为系统地阐述，在他看来，穷人的贫困是由多种因素导致的，既有物质匮乏所导致的贫困，也有因机会不足所带来的贫困，而之所以会有机会不足，则是由于人们生活的社会环境受限几乎不能选择较好地生存方式。近年来，政府和相关部门提供了一些帮助农民增强技能和再就业的一些培训课程，所以说很大一部分农村妇女是有条件、有机会参加技能培训的。但调查的 1000 多户人家中，60% 的女性外出工作，然后回到家乡工作的原因是选择离家最近的地方。很多妇女抱着与其辛苦打工挣钱，工资还低，不如回家生孩子的想法。所以，正是因为农村妇女尤其是农村贫困妇女有这种"拈轻怕重、眼高手低"的思想，所以农村妇女减贫进程缓慢。这些妇女生活状态大多是在家看看电视，打打麻将，玩玩扑克，串门聊天，极其缺乏致富的意识。

（三）人文贫困困境

据统计，被调查的对象中，具有中专及以上文化程度的占 10%，初中文化程度的占 46%，小学以下文化程度的占 40%。由于文化教育缺失，苏北农村贫困妇女的想法守旧，信息渠道少，接受新事物慢，不能掌握和应用科学和技术知识，也无法寻找到合适的项目。

（四）资源配置困境

政府在减贫过程中，侧重没有对贫困人群进行二次细分，对农村贫困妇女关注不到位，在帮扶过程中存在盲点。从性别平等的角度来看，无论是现有政策，亦或者是政策的实施过程中都存在着问题，影响对农村贫困妇女的救助，主要体现在以下方面：

第一，对贫困妇女救助没有形成系统的法律规范。由于中国缺乏统一的社会救助法律法规，地方政府出台的社会救助政策规定没有充分保障农村贫困妇女共享福利。第二，农村社会救助政策存在性别盲视。从性别平等的角度，政府在对法律、政策等做出决定之前应该进行性别分析，细化受救助群体市场，分别研究这些政策或者是法律对男性和女性的影响。如果结果证明这些政策对于男性和女性的影响是不同的，那么政府就应该避免做出不当的决定。如果政府已经出台了相关了政策或者是法律法规，应该动态考察这些政策或者法律法规的执行情况，跟踪评估这些政策或者法律法规对男性和女性的影响，尽最大努力确保妇女，尤其是贫困妇女权益的实现。

三、性别平等视角下建立解决苏北相对贫困长效机制的路径

（一）建立教育引导的长效机制。苏北农村妇女尤其是贫困妇女观念的更新不仅需要很长的时间，还需要系统的教育。既需要农村贫困妇女自身的努力和参与，也需要全社会的支持和重视。首先是妇女教育资源的整合。苏北五市妇联要加大加深调研力度，二次细分苏北贫困农民市场。同时完善妇女权益相关的各项体制和机制，将妇女本身需求与社会帮助紧密契合起来。创新工作载体，利用乡

村大讲堂、"面对面"辅导等手段，加大对妇女关于法律等意识的培训，更新妇女思想观念，提升妇女素质。二是营造氛围。苏北五市相关机构，要利用报纸、广播、电视等媒介向农村妇女宣传男女平等、自力更生、女性力量等观念，在广大农村妇女尤其是贫困妇女中优先培养先进典型，通过先富带动一批贫困农村妇女致富。三是强化宣传。加强女权、女强等男女平等的观念教育。鼓励苏北农村贫困妇女树立服务农村，自立自强，融合社会的新理念，进而帮助妇女实现自我价值。

（二）建立完善的技能培训机制。首先，政府与相关机构要根据当地农村妇女的实际制定关于农村妇女尤其兼顾贫困妇女受教育的计划，并且对各类知识、技术、技能进行有层次、分步骤、抓重点培训。利用市县党校、职校、妇女学校等阵地，邀请农业种植、法治等相关专家进行培训。同时，培养学习带头人，培养种田巾帼、守法模范等。其次，政府及相关部门要根据实际情况有针对性地对农村妇女，尤其是贫困妇女进行二次技能培训，使她们掌握足以解决生计的技能。随着服务业的发展，无论是城市还是农村对服务行业人才的需求与日俱增，各地政府及相关部门应该抓紧契机，培训妇女尤其是农村贫困妇女在服务行业的技能，帮助她们向服务行业转变。鼓励农村妇女尤其是农村贫困妇女不仅要学种田技能，还要学文化，创造条件为她们学习提供便利。同时，严格控制和审批小额贷的发放，使这方面的政策向农村妇女转移，并且动态考察和指导这部分资金的使用。通过完善的培训指导机制，丰富农村妇女尤其是贫困妇女的视界，增强女性自强和独立，帮助农村妇女尤其是贫困妇女二次就业，加速这部分群体脱贫。

（三）建立健全"整体性"社会服务机制。苏北五市政府及相关机构不仅要采取有效手段，而且要出台相关的政策措施，为农村妇女尤其是贫困妇女提供服务，切实解决其难题。文化相关部门应发挥村委会 (居委会) 的作用，不仅开展多种健康、积极、向上的娱乐活动，而且要利用新形式、新方法丰富农村妇女尤其是贫困妇女的业余文化生活。农业相关部门引进先进的技术和可以实施的种植条件，提高农业机械化水平，利用机械的便利性带动农村妇女的积极性和创造性。劳动相关部门应该重视知识的作用，秉承"知识育人，知识脱贫"的理念，结合本地实际，有对象、分层次地组织农村妇女尤其是贫困妇女进行技能、文化、法治等方面的培训，增强其致富能力、法治观念、文化深度。司法相关部门不仅要为农村妇女尤其是贫困妇女义务提供各种法律服务，还要号召高校等法治方面相关专家走进农村大讲堂，切切实实减少农村妇女法盲人数，保障她们妇女的合法权益。卫生相关部门要开放一些关于传染病等方面的服务，组织专家定期到乡镇、街道为农村妇女体检，不仅要照顾她们的身心健康，还要减轻其心理压力。群众性组织则根据组织职能和优势，尽可能为农村妇女支持和帮助，使她们致力于新农村建设和发展，进而共享乡村振兴建设发展成果。

（四）建立完善社会保障机制。首先，进一步扩大农村医疗保险范围，将贫困妇女作为特殊的群体纳入其中。健全养老保障机制，把农村贫困妇女纳入养老保险的框架中，从而使土地的保障功能弱化，真正把苏北农村贫困妇女从家庭、土地的束缚中解放出来。其次，充分加大维权力度。建立健全村级维权服务站的功能，充分发挥其作用，通过点对点，切实维护农村贫困妇女在家庭和社会中的地位和权益。推动建立健全农村公共安全体系，促进和平家庭和社区建设，营造和平谐的社会环境。相关部门通过开设的村级大讲堂，定期下乡为农村贫困妇女讲解《妇女权益保护法》、《婚姻法》及《未成年人保护法》等法律知识，向农村贫困妇女提供法律援助。

使农村贫困妇女能够深刻了解自己的各项权益，从而自觉争取和维护自身权益。

（五）建立良好的人文氛围维护机制。苏北五市政府在制定经济、社会发展的政策及法规时既要考虑是否存在性别歧视，又要考虑是否存在人群区分对待。要想使农村妇女尤其是贫困妇女能够享受平等权益，参与社会劳动，分享劳动成果，营造良好的劳动和互助的氛围是关键。在制定关于妇女权益的政策时，应当听取各级人民代表大会、全国政协委员和妇女组织的意见和建议；制定和完善有利于妇女平等参与决策和管理的政策；鼓励和引导妇女积极参与竞争和民主管理，使农村贫困妇女成为农村的建设者和受益者。

第三节　巩固拓展脱贫攻坚成果，跑出乡村振兴"加速度"

习近平同志强调，要压紧压实各级党委和政府巩固脱贫攻坚成果责任，坚决守住不发生规模性返贫的底线，并指出乡村振兴是实现中华民族伟大复兴的一项重大任务。全面实施乡村振兴战略的深度、广度、难度不亚于脱贫攻坚，要完善政策体系、工作体系、制度体系。淮安市深入学习习近平同志关于乡村振兴的重要论述，全市第八次党代会提出要"全面建设长三角北部现代化中心城市。"淮安是江苏的农业农村大市，于淮安而言，农村是淮安全面建设长三角北部现代化中心城市的关键"短板"，也是重要"腹地"，农业农村农民现代化则是长三角北部现代化中心城市的重要"内涵"。在脱贫攻坚取得胜利后，淮安市要跑出乡村振兴的加速度，必须解决好巩固拓展脱贫攻坚成果与乡村振兴的有效衔接这一重要问题，而脱贫攻坚期间取得的成果恰恰是淮安全面乡村振兴的"助跑器"。

目前淮安市脱贫攻坚与乡村振兴有效衔接工作在社会保障、富民产业、"防返贫"整体工作三方面取得可观进展，但仍存在基层党建边际效用递减、产业长效发展乏力、乡村文化泛同、生态效益不显、农民主体缺位等问题。市委党校课题组围绕"巩固拓展脱贫攻坚成果与乡村振兴的有效衔接"这一主题进行调研，提出了五点对策建议。

一、以高质量党建为引领，做强基层党组织助力全面乡村组织振兴

一是优化基层党组织人才结构。由于淮安不同县区村与村之间在人口规模、占地面积、发展情况等方面存在着的差异，决定了各个村党组织的人才资源配置不尽相同，必须依据本村的真实情况，按照统一的标准科学合理地配置村干部职数。对脱贫攻坚时期表现突出的干部给予重用，合理配备乡镇村党委班子成员，尤其配好党建、经济人才，增强基层党组织活力，做出高质量的基层党建。二是实现扶贫工作队到乡村振兴工作队的过渡。保持驻村第一书记和工作队制度不变，从扶贫工作队过渡到乡村振兴工作队，做好淮安市"扶贫专干"和"振兴专干"两个岗位的工作衔接。将脱贫攻坚期间形成的卓有成效的工作方式方法加以继承和创新，应用到全面乡村振兴中，形成的一整套规范高效的党建引领和多方协作机制。三是借鉴脱贫攻坚成效考核机制，逐步建立健全基层领导干部推进乡村振兴实绩考核制度。在颇为成熟的脱贫攻坚成效考核机制的基础上，完善相关考核评价和统计指标体系，将指标管理深度嵌入乡村振兴全过程。加强指标运行监控，健全常态化监测机制，充分发挥第三方评估的作用，为推动乡村振兴提供科学权威的评价依据。同时在推进考核机制完善过程中形成长效的基层岗位待遇增长机制，增强岗位的吸引力。对基层干部反映的一些地区出台的过于烦

琐或形式主义色彩较浓的考核办法，应坚决予以纠正，并严禁多头考核、搭车考核。

二、以市场为导向，做优扶贫产业助力全面乡村产业振兴

一是在深挖资源优势的基础上，做好扶贫产业的"加减法"。对脱贫攻坚时期发展的产业从市到乡镇进行全面梳理，在深挖本地资源的基础上，做好扶贫产业的"加减法"，即加大对优秀产业的投入，总结优秀扶贫产业发展的经验和模式，建立相对贫困人口可长期受益并且有利于能力提高的产业发展机制，对营收欠佳的产业项目及时调整，对没有市场竞争优势的产业项目及时淘汰止损。同时政府要做好引导工作，减少同质化产品竞争，精准资金投向，确保优质资金投入优质产业项目。二是多措并举，创新农村产业要素的产出形式。脱贫攻坚对农村的产业发展进行了很多探索，传统的农村产业要素产出形式已逐渐失去市场竞争的优势，亟需创新。以宅基地扩权赋能为例，应赋予农民住房财产权流转、抵押等权能，发展乡村民宿等新产业新业态，盘活利用闲置宅基地和农房。洪泽区黄集街道曹圩村紧邻白马湖旅游度假区，具有发展乡村特色民宿的地理优势。该村已全部实现集中居住，其中中心村209套房屋约有30%房屋因房主长期在外工作闲置，如能盘活利用好这些闲置房屋，既可增加农户收入，也能引流游客入村，带动该村旅游服务业全面发展，实现商业化的民宿或养老场所经营，打造高品质的养老村，吸引南京、上海等城里人下乡养老，产生"反虹吸"效应。三是畅通智慧资本下乡渠道。据调研，村集体经济的发展不缺社会资本尤其是工商资本下乡，真正缺的是智慧资本。智慧资本是指能够转化为市场价值的知识，是企业所有能够带来利润的知识和技能。比如，知识产权、管理体制、经营策略、策划战略、个人的创造能力、应

变能力、学习能力、解决问题的能力等。只有畅通智慧资本下乡的
渠道才能使社会资本从"输血"向"造血"功能转换。依托淮安本
土院校、驻淮高校、市内外科研院所的智力支持与科技下乡，打造
产业发展新载体，推动科技扶贫向科技强农转变。在充分做好市场
调研的基础上，对乡村振兴领域重点工程项目重金求才，输入项目
需要的智慧资本。引导智慧资本投向村集体经济，打造集体经济加
工商资本和智慧资本"一体两翼"的村集体经济发展模式。

三、以"红色文化"为主线、"人文历史"为辅线，做好乡村文
化助力全面乡村文化振兴

市委陈之常书记在 2021 年秋季主体班授课时指出，长三角北部
现代化中心城市的"现代化"是应该具有淮安特色的。同样，乡村
文化的振兴也应该具有淮安的特色。一是构建以"书香淮安"为核
心品牌的公共文化服务体系。在文化扶贫的成果上，以县级公共文
化设施为龙头、乡镇文化站为纽带、村综合文化服务中心为基础大
力推进覆盖县、乡、村的公共文化服务体系建设，推动"书香淮安"
进村入户，以乡风文明涵养淮安特色的干群精气神。二是以"红色
文化"为主线、"人文历史"为辅线绘制乡村文化图谱。淮安是苏
北知名的革命老区，有其他市所无法比拟的红色文化历史渊源。在
脱贫攻坚时期挖掘的红色资源的基础上，加强对 80 岁以上老年人
的口述史研究。通过对史料的深度挖掘，绘制淮安特色的以"红色
文化"为主线、"人文历史"为辅线乡村文化图谱。三是做优"乡
村小课堂"平台。提升"扶贫讲堂""文艺进村"的层次，做优"乡
村小课堂"，推动党校、高校、乡村研习社等机构组织课程下乡，
注重专业农业知识培训、学习国家相关惠民政策与先进农业机械的
应用知识等。运用专业理论知识与先进科学技术，提升农民群众实

际应用能力、管理能力与经营能力等，促使农民成为巩固拓展脱贫攻坚成果同乡村振兴有效衔接工作的农业科技工作者。

四、以农村人居环境综合整治为媒介，做美乡村环境助力全面乡村生态振兴

一是在农村人居环境综合整治过程中，对贫困边缘的群体予以特殊照顾。保障其享有基本的居住权利，提升其居住品质。比如，洪泽区农村环境管护互帮互助机制，以村（居）为单位，每月组织管护员对村庄环境重难点管护问题进行互帮互助，实现了集中力量办难事。针对农村垃圾、厕所、污水、黑臭水体、村容村貌等重点任务，系统谋划、综合治理，各项指标再提升。增强污水管网配套设施建设。二是发展"生态保护＋"模式。脱贫攻坚时期的"易地扶贫"和"农房改善"都对农村的生态宜居进行了探索，淮安市累计竣工农房改善项目 125 个，4.9 万余户农民告别"老破小"。农村人居环境综合整治应以促进当地经济发展为目标。比如，在自然资源的基础上发展"生态＋文旅"、"生态＋文旅＋康养"等模式。科学开发资源，优化资源配置。挖掘和凸显地域特色，提升旅游发展空间，深入挖掘富有地域特色的自然和人文资源，以自然资源为依托，以人文资源为导向，打造地域特色突出的资源项目。三是探索建立健全政府主导、村民参与、社会支持的人居环境整治机制。保障整治工作的资金需求。在脱贫攻坚已有项目的基础上积极争取上级财政专项资金，整合各类涉农资金，加强农村基础设施短板建设，统筹安排，形成合力。人居环境整治仅靠政府主导，社会资本支持是不够的，要培养农民爱农村爱家园的情怀、良好的生活习惯、优化传统的农村畜牧饲养方式。通过宣传教育提升农民的主人翁意识感，如开展"我的家园最干净"等活动，将"自扫门前雪"变成

"乡村清洁大合奏"，并通过合理的评比方法，给予排名靠前的家庭一定的物质奖励，提升农民的参与度，做美乡村生态。

五、以培育农民主体意识为重点，做实农民主人翁地位助力全面乡村人才振兴

一是基于阳光扶贫大数据平台，对贫困群体实施动态监测。健全"阳光扶贫"监管大数据系统，对相对贫困群体进行动态监测和识别，增强返贫预警功能，以家庭为单位进行实体追踪，对于脱贫人口中具有劳动能力的人群，在脱贫攻坚产业或就业帮扶的基础上，利用乡村振兴的发展举措助力进一步发展；对于脱贫人口中丧失劳动能力的人群，在乡村振兴中要继续进行兜底保障；对于贫困边缘人口与农村低收入人口，在乡村振兴中予以重点帮扶，做好医疗保障等扶贫政策的延续性，避免陷入贫困与"悬崖效应"的产生，切切实实保证农民是乡村发展的收益主体。二是发布淮安乡村振兴人才"招募令"，深挖致力于农村建设的优秀乡贤。真正能够致力于家乡建设，懂农业、爱农村、领农民的人才主要来自农村，而且是有文化、善技术、懂经营的家乡人。加大"淮上英才计划"涉农项目的资助，以优质农村产业项目为依托，招募致力于家乡建设的优秀人才，同时在服务保障、子女上学方面给予优质待遇，以项目化考核的方式对输送到农村的人才予以考核，并且根据考核结果加大奖励。三是大力培育"新农人"。培养更多爱种地、能种地、种好地、收成多的年轻人，让这部分人成为全面乡村振兴的主体力量。加大高素质农民和农村实用人才的培养力度，引入产业工人的"传帮带""学徒制"等培养方式，引导淮安本地高校与涉农企业有效合作，发挥渠道和产业优势，在示范园区、种养殖基地实训教学，引导传统农民学习进修数字化、智能化的专业技能，尽快转变为现

代化的"职业农民"、产业工人，实现稳定就业。加强对农村致富带头人、家庭农场主的培育，引导涉农企业输出成熟的农业人才培养和产业管理经验，关注乡村人才梯队建设。

参考文献

[1] 恰亚诺夫. 农民经济组织 [M]. 萧正洪，译. 北京：中央编译出版社，1996.

[2] 斯科特. 农民的道义经济学 [M]. 程立显等，译. 南京：译林出版社，2001.

[3] 黄宗智. 长江三角洲小农家庭与乡村发展 [M]. 北京：中华书局，1992.

[4][日] 平松守彦著. 一村一品运动 [M]. 行政株式会社，1982：12.

[5] 林毅夫.《制度、技术与中国农业发展》[M]. 上海：三联书店，1992：45-69.

[6] 韩俊.《中国经济改革 30 年：农村经济卷》[M]. 重庆：重庆大学出版社，2008：54.

[7] 习近平. 中国共产党第十九次全国代表大会文件汇编 [M]. 北京：人民出版社，2017.

[8] 中共中央马克思· 恩格斯· 列宁· 斯大林著作编译局，译. 马克思恩格斯选集第二卷 [M]. 北京：人民出版社，2012.

[9] 黄希庭. 心理学导论 [M]. 北京：人民教育出版社，2007：269-405.

[10][美]阿尔伯特·埃利斯．理性情绪[M]．李巍，张丽，译．北京：机械工业出版社，2014:6．

[11]马克思，恩格斯．马克思恩格斯全集，第1卷[M]．北京：人民出版社，1972: 62．

[12]R-科斯，A．阿尔钦，D．诺斯等．财产权利与制度变迁[M]．刘守英等，译．三联书店，1994．

[13]让-雅克·拉丰，激励与政治经济学[M].刘冠群，译．中国人民大学出版社，2013．

[14][日]鹤见和子，胡天民．"内发型发展"的理论与实践[J]，江苏社会科学，1989（03）：9-15．

[15]刘平．日本的创意农业与新农村建设[J]．现代日本经济，2009（03）：56-64．

[16]陈磊，曲文俏，李文．解读日本的造村运动[J]．当代亚太，2006（06）：29-35．

[17]宋林飞．费孝通小城镇研究的方法与理论[J]．南京大学学报（哲学．人文科学．社会科学版），2000．

[18]沈立人．《农村振兴和小城镇问题》评介[J]．苏州大学学报（哲学社会科学版），1992（01）：128-129．

[19]辛逸，高洁．从"以农补工"到"以工补农"——新中国城乡二元体制述论[J].中共党史研究，2009（09）：15-24．

[20]刘松涛，罗炜琳，王林萍．日本"新农村建设"经验对我国实施乡村振兴战略的启示[J]．农业经济，2018（12）：41-43．

[21]郭国仕．城镇化过程中的农村空心化问题研究，龙岩学院学报[J]，2013(03)：88-96．

[22]德清县民政局．基层社会治理新模式——德清县培育发展乡贤参事会，中国民政[J].2015（10）：39-40．

[23] 陈金涛，刘文君 . 农村土地三权分置的制度设计与实现路径探析 [J]. 求实，2016（01）.

[24] 向勇 . 中国农村集体成员主体资格新论 [J]. 河北法学，2016（06）.

[25] 崔文如 . 农村集体经济发展存的在角色障碍及对策建议 [J]. 甘肃金融，2016（09）.

[26] 韩松 . 论农民集体土地所有权的管理权能 [J]. 中国法学，2016（02）.

[27] 冯双生，张桂文 . 中国农村土地承包经营权流转障碍及破解途径——基于农地产权制度视角 [J]. 广西社会科学，2016（02）.

[28] 易承志 . 国家建设、农村土地政策变迁与农民权利保障 [J]. 学术界，2013（03）.

[29] 彭海红 . 警惕土地私有化思潮对农村土地集体所有制的冲击 [J]. 红旗文稿，2016（07）.

[30] 易承志 . 国家建设、农村土地政策变迁与农民权利保障 [J]. 学术界，2013（03）.

[31] 解安，徐宏潇 . 农地股份合作制与"重建个人所有制"——以京郊农村为例 [J]. 学习与探索，2016（04）.

[32] 吴璠 . 构建公平有效的农村公共产品供给体系 [J]. 农村经济，2005(12).

[33] 刘保平 . 农村公共产品供给危机的解决之策 [J]. 政策咨询，2003(2).

[33] 范小建 . 扶贫攻坚的中国式探索 [J]. 北大商业评论，2015(10).

[34] 魏后凯 . 2020 后中国减贫的新战略 [J]. 中州学刊，2018(09).

[35] 李小云，许汉泽 . 2020 年后扶贫工作的若干思考 [J]. 国家

行政学院学报，2018(09).

[36] 万君，张琦."内外融合"：精准扶贫机制的发展转型与完善路径 [J].　南京农业大学学报（社会科学版），2017(04).

[37] 庄天慧，孙锦杨，杨浩．精准脱贫与乡村振兴的内在逻辑及有机衔接路径研究 [J]．西南民族大学学报（人文社会科学版），2018(12).

[38] 章文光．精准扶贫与乡村振兴战略如何有效衔接 [J]．人民论坛，2019(04).

[39] 兰剑，慈勤英．后脱贫攻坚时代农村社会救助反贫困的困境及政策调适 [J]．西北农林科技大学学报（社会科学版），2019(03).

[40] 汪锦军．农村公共服务提供：超越"碎片化"的协同供给之道——成都市公共服务的统筹改革及对农村公共服务供给模式的启示 [J]．经济体制改革，2011(03).

[41] 黄宗智，高原，彭玉生．没有无产化的资本化：中国的农业发展 [J]．开放时代，2012 (03)：10-30.

[42] 姚洋．重新认识小农经济 [J]．中国合作经济，2017，(08).

[43] 贺雪峰．关于"中国式小农经济"的几点认识 [J]．南京农业大学学报（社会科学版），2013(06).

[44] 赵晓峰，赵祥云．新型农业经营主体社会化服务能力建设与小农经济的发展前景 [J]．农业经济问题，2018(04).

[45] 孙新华，钟涨宝．地方治理便利化：规模农业发展的治理逻辑——以皖南河镇为例 [J]．中国行政管理，2017(03).

[46] 何秀荣．改革 40 年的农村反贫困认识与后脱贫战略前瞻 [J]．农村经济，2018(11).

[47] 万兰芳，向德平．中国减贫的范式演变与未来走向：从发

展主义到福利治理 [J]. 河海大学学报（哲学社会科学版），2018
(02).

[48] 刘建，吴理财. 制度逆变、策略性妥协与非均衡治理———
基于 L 村精准扶贫实践的案例分析 [J]. 华中农业大学学报（社会科学版），2019(02).

[49] 王海娟. 资本下乡的政治逻辑与治理逻辑 [J]. 西南大学学报（社会科学版），2015，(04).

[50] 楼栋，孔祥智. 新型农业经营主体的多维发展形式和现实观照 [J]. 改革，2013，(02).

[51] 苑鹏. 中国特色的农民合作社制度的变异现象研究 [J]. 中国农村观察，2013，(03).

[52] 朱通华，宇野重昭（日）主编. 农村振兴和小城镇问题———中日学者共同研究 [C]. 江苏：江苏人民出版社，1991:4.

[53][日] 宇野重昭. "一村一品运动"和"离土不离乡"的思想及其领导者 [A].

[54] 费孝通，对中国城乡关系问题的新认识———四年思路回顾 [A]

[55] 李杨. 基于服务创新四维度模型的农村公共文化服务供给模式研究———以湖北省鄂州市 H 区为例 [D]. 武汉：华中师范大学，2013.

[56] 李少惠，王苗. 农村公共文化服务供给社会化的模式构建 [J]. 国家行政学院学报，2010 (2).

[57] 翟二伟，我国农村公共服务供给模式研究———构建农村公共服务协同供给的新模式 [D]. 西南财经大学，2013.

[58] 黄智娟，协同学视阈下的我国农村公共服务供给模式研究———以湖此省鄂州为调研对象 [D]. 2013 年武汉：华中师范大学，

[59] 郭晓鸣. 乡村振兴战略的若干维度观察 [J]. 改革，2018 (03).

[60] 李铜山. 论乡村振兴战略的政策底蕴 [J]. 中州学刊，2017 (12).

[61] 岳玉莲. 实施乡村振兴战略面临的问题及对策研究 [J]. 农村经济与科技，2018 (15).

[62]Popkin Samuel L. The Rational Peasant:The Political Economy of Rural Society in Vietnam.University of California Press，1979.

[63]Theodore W. Schultz. Nobel Lecture: TheEconomics of Being Poor. The Journal of PoliticalEconomy，1980(04).

[64] 侯赛，米厚民. 山西许村：用艺术力量复兴古村落 [N]. 农民日报，2015-01-09（5）.

[65] 习近平. 决胜全面建成小康社会夺取新时代中国特色社会主义伟大胜利 [N]. 人民日报，2017-10-28 (001).

[66] 物联网技术让南湖区农业生产"智能化"，国家林业局，http:／／www.forestry.gov.cn/portal/xxb/s/2525／content-607680. html.2013-06-07.

[67] 河南将整合城乡居民医保农村与城镇居民享同样待遇. http://henansina．com.cn/news/m/2016-10-11/detail-ifxwrhpn9628962. shtmL2016.10.11.

[68] 农业部产业政策与法规司. 2016 年国家落实发展新理念加快农业现代化促进农民持续增收政策措施 [N]. 农民日报，2016-03-30 (2).

后　记

"三农"问题是党和国家始终关注的、具有战略地位的重要问题，也是学者、专家长期研究的重大课题。促进共同富裕，最艰巨最繁重的任务仍然在农村。实现全体人民共同富裕的中国式现代化，乡村振兴是必经之路。我出生在江苏苏北一个经济落后的乡村，是从村里走出来的大学生，对农村具有深厚的感情，始终关注农村发展，思考着如何让自己所在的农村乃至全国的农村都能真正富起来、强起来、美起来。在我看来，乡村振兴是当前中国面临的一项重要任务，也是实现中华民族伟大复兴的关键之一。因此，我决定撰写本书，希望能够为乡村振兴贡献自己的一份力量。

在写作过程中，我深入调研了江苏各地尤其是苏北城市淮安的乡村振兴实践经验，并结合自己的观察和思考，提出了一些关于乡村振兴的建议和思考。乡村必须富裕，乡村必须要有高质量的党建、高收益的产业，乡村必须要留得住人，从而真正实现乡村产业振兴、乡村人才振兴、乡村文化振兴、乡村生态振兴、乡村组织振兴。同时，我也反思了自己在农村生活中的经验和教训，希望能够为中小城市以中国式现代化全面推进乡村振兴提供一些有益的启示和借鉴。

在此，我要感谢所有支持我的人。首先是我的家人和朋友，他们一直鼓励我坚持写作，并给予我精神上的支持。其次是我的老师周海生先生和导师吴秀荣女士，他们在学术上给了我很多指导和帮助。最后要感谢广大读者，你们的支持和反馈是我不断前进的动力。

我想再次强调乡村振兴的重要性。只有通过全社会的努力，才能够实现以中国式现代化全面推进乡村振兴发展。我相信只要我们齐心协力，共同努力，就一定能够创造出更加美好的未来！